法藏知津

七 編

杜潔祥 主編

第13冊

長安高僧錄（中）

梁曉燕、閆強樂 著

花木蘭文化事業有限公司

國家圖書館出版品預行編目資料

長安高僧錄（中）／梁曉燕、閆強樂 著 -- 初版 -- 新北市：
花木蘭文化事業有限公司，2021〔民 110〕
目 18+144 面；19×26 公分
（法藏知津七編 第 13 冊）
ISBN 978-986-518-412-4（精裝）
1. 僧伽 2. 佛教傳記 3. 中國
011.08   110000610

ISBN-978-986-518-412-4

9 789865 184124

法藏知津七編
第十三冊   ISBN：978-986-518-412-4

長安高僧錄（中）

作　　者　梁曉燕、閆強樂
主　　編　杜潔祥
副總編輯　楊嘉樂
編　　輯　許郁翎、張雅淋　美術編輯　陳逸婷
出　　版　花木蘭文化事業有限公司
發 行 人　高小娟
聯絡地址　235 新北市中和區中安街七二號十三樓
　　　　　電話：02-2923-1455／傳真：02-2923-1452
網　　址　http://www.huamulan.tw 信箱 service@huamulans.com
印　　刷　普羅文化出版廣告事業
初　　版　2021 年 3 月
定　　價　七編 29 冊（精裝）新台幣 86,000 元

長安高僧錄（中）

梁曉燕、閆強樂　著

目

次

中　冊

隋東都雒濱上林園翻經館南賢豆沙門達摩笈多

達摩笈多，隋言法密，本南賢豆羅囉國人也，剎帝利種，姓弊耶伽囉，此云虎氏……

尋蒙帝旨，延入京城，處之名寺，供給豐渥，即開皇十年冬十月也。至止未淹，華言略悉，又奉別敕令就翻經，移住興善，執本對譯，允正寔繁，所誦大小乘論，並是深要。至於宣解大弘微旨，此方舊學，頻遣積疑。然而慈恕立身，柔和成性，心非道外，行在言前，戒地夷而靜，智水幽而潔，經洞字源，論窮聲意。加以威容詳正，勤節高猛，誦響繼晨宵，法言通內外。又性好端居，簡絕情務，寡薄嗜欲，息杜希求。無倦誨人，有逾利己。曾不忤顏於賤品，輕心於微類，遂使未睹者傾風，暫謁者欽敬。自居譯人之首，惟存傳授，所有覆疏，務存綱領。煬帝定鼎東都，敬重隆厚，至於佛法，彌增崇樹，乃下敕於洛水南濱上林園內，置翻經館……

（據《續高僧傳》卷二《譯經》）

隋東都上林園翻經館沙門釋彥琮

釋彥琮，俗緣李氏，趙郡柏人人也，世號衣冠，門稱甲族……隋文作相，佛法稍興，便為諸賢講釋《般若》。大定〔註122〕元年正月，沙門曇延等，同舉奏度，方蒙落髮，時年二十有五。至其年二月十三日，高祖受禪，改號開皇，即位講筵，四時相續，長安道俗，咸拜其塵，因即通會佛理，邪正沾濡，沐道者萬計。又與陸彥師〔註123〕、薛道衡〔註124〕、劉善經〔註125〕、孫萬壽〔註126〕等一代文宗，著《內典文會集》，又為諸沙門撰唱導法，皆改正舊體，繁簡相半，即現傳習祖而行之……

（據《續高僧傳》卷二《譯經》）

〔註122〕大定：北朝北周靜帝宇文衍的年號，即公元 581 年。

〔註123〕陸彥師：字雲房，魏郡臨漳人。《隋書》卷七十二有傳。

〔註124〕薛道衡：隋代詩人，字玄卿，漢族，河東汾陰（今山西萬榮）人。《隋書》卷五十七有傳。

〔註125〕劉善經：字不詳，河間人，生卒年不詳，約隋煬帝大業中前後在世。博物洽聞，尤善辭筆，歷仕著作佐郎，太子舍人。善經，著有《酬德傳》三十卷，《諸劉譜》三十卷，《四聲指歸》一卷，行於世。《隋書》卷七十六有傳。

〔註126〕孫萬壽：字仙期，一字遐年，隋信都武強（今河北武強西南）人，生年不詳，著有文集十卷，已散佚，今存詩九首。

隋京師延興寺釋曇延

釋曇延，俗緣王氏，蒲州桑泉〔註 127〕人也。世家豪族，官曆齊周。而性協書籍，鄉邦稱敘。年十六因遊寺，聽妙法師講《涅槃》，探悟其旨。遂捨俗服膺，幽討深致。出言清越，厲然不群。時在弱冠，便就講說。詞辯優贍，弘裕方雅。每云佛性妙理，為涅槃宗極，足為心神之遊玩也。延形長九尺五寸，手垂過膝，目光外發，長可尺餘。容止邕肅，慈誘泛博，可謂堂堂然也。視前直進，顧必轉身，風骨陶融，時共傳德。及進具後，器度日新，機鑒俊拔。遐邇屬目，雖大觀奧典，而恐理在膚寸。乃更聽《華嚴》、《大論》、《十地》、《地持》、《佛性》、《寶性》等諸部，皆超略前導，統津準的。自顧影而言曰：「與爾沉淪日久，飄泊何歸。今可挾道潛形，精思出要。」遂隱於南部太行山百梯寺⋯⋯

以周建德〔註 128〕中年，銜命入秦。帝訝其機捷，舉朝忍採。敕境內能言之士不限道俗，及搜採岩穴遁逸高世者，可與弘正對論，不得墜於國風。時蒲州刺史中山公宇文氏，夙承令範，乃表上曰：「曇延法師，器識弘偉，風神爽拔，年雖未立，而英辯難繼者也。」帝乃總集賢能，期日釋奠，躬御禮筵，朝宰畢至。時周國僧望二人倫次登座，發言將訖，尋被正難。徵據重疊，投解莫通。帝及群僚一朝失色，延座居末，第未忍斯慚，便不次而起。帝曰：「位未至何事輒起。」延曰：「若是他方大士，可藉大德相臨。今乃遠國微臣小僧，足堪支敵。」延徑升高座。帝又曰：「何為不禮三寶。」答曰：「自力兼擬，未假聖賢加助。」帝大悅，正遂構情陳難，延乃引義開關，而正頗挾機調用前殿後。延乘勢挫拉，事等摧枯。因即頂拜伏膺，慨知歸之晚。自陳云：「弟子三國履歷，訪可師之師，不言今日，乃遇於此矣。」即請奉而受戒。晝夜諮問，永用宗之。及返陳之時，延所著義門並其儀貌，並錄以歸國⋯⋯

開皇四年，下敕改延眾可為延興寺，面對通衢京城之東西二門，亦可取延名以為延興延平也。然其名為世重，道為帝師，而欽承若此，終古罕類。昔中天佛履之門，遂曰瞿曇之號。今國城奉延所諱，亞是其倫，又改本住雲居，以為棲岩寺。敕大樂令齊樹提，造中朝山佛曲，見傳供養。延安其寺宇，結眾成業，敕賚蠟燭。未及將爇，而自然發焰，延奇之，以事聞帝。因改住寺可為光明也。延曰：「弘化須廣，未可自專以額，重奏別立一所。」帝然之，今光

〔註 127〕即今山西省臨猗縣西南、運城縣西北。
〔註 128〕建德：北周武帝宇文邕的年號，即公元 572〜578 年。

明寺是也。其幽顯呈祥，例率如此。

至六年亢旱，朝野荒然。敕請三百僧於正殿祈雨，累日無應。帝曰：「天不降雨，有何所由。」延曰：「事由一二。」帝退與僚宰議之，不達意故。敕京兆太守蘇威，問延一二所由。答曰：「陛下萬機之主，群臣毗贊之官，並通治術，俱忽玄化。故雨與不雨，事由一二耳。」帝遂躬事祈雨，請延於大興殿登御座南面授法。帝及朝宰，五品已上咸席地，北面而受八戒。戒授纔訖，日正中時，天有片雲，須臾遍布，便降甘雨，遠邇咸感，帝悅之，賜絹三百段，而延虛懷物我不滯客主為心。凡有資財，散給悲敬，故四遠飄寓，投告偏多。一時糧粒將盡，寺主道睦告云：「僧料可支兩食，意欲散眾。」延曰：「當使都盡方散耳。」明旦文帝果送米二十車，大眾由是安堵。惑者謂延有先見之明，故停眾待供。未幾，帝又遺米五百石。於時年屬饑薦，賴此僧侶無改。帝既稟為師父之重，又敕密戚懿親咸受歸戒。至於食息之際，帝躬奉飲食，手御衣裳，用敦弟子之儀，加敬情不能已。其為時君禮重，又此類也。敕又拜為平第沙門，有犯刑網者，皆對之泣淚。令彼折伏從化，或投跡山林不敢容世者。以隋開皇八年八月十三日終於所住，春秋七十有三矣。臨終遺啟文帝曰：「延逢法王御世，偏荷深恩。往緣業淺，早相乖背。仰願至尊，護持三寶，始終莫貳。但末代凡僧，雖不如法。簡善度之，自招勝福。」帝聞之哀慟，敕王公已下，並往臨弔。並罷朝三日，贈物五百段，設千僧齋。

初延康日，告門人曰：「吾亡後，以我此身且施禽狩，餘骸依法焚揚，無留殘骨，以累看守。」弟子沙門童真、洪義、通幽、覺朗、道遜、玄琬、法常等，一代名流。並文武職僚如滕王等，例咸被髮，徒跣而從。喪至於林所。登又下敕，於終南焚地，設三千僧齋。齋訖焚之。天色清朗，無雲而降細雨，若闍毗如來之狀也。大眾驚嗟，得未曾有也。又隋文學呂叔挺，美其哀榮，碑其景行，文如別集。然延恒以西方為正任，語默之際，注想不移。侍人觀之，若在深定。屬大漸之始，寺側有任金寶者，父子信向。云見空中幡蓋列於樞前，兩行而引。從延興寺南達於山西，斯亦幽冥葉贊，諒非徒擬。自延之蒞道，勢總權衡，而卑牧自居，克念成治，解冠群術，行動物情，故為七眾心師。豈止束形加敬，及聞薨背，無不涕零。各修銘誄，讚揚盛業。時內史薛道衡白弔云：「延法師，弱齡捨俗，高蹈塵表，志度恢弘。理識精悟，靈臺神寓，可仰而不可窺；智海法源，可涉而不可測。同夫明鏡，矚照不疲。譬彼洪鐘，有來斯應。往逢道喪，玄維落紐。棲志幽岩，確乎不拔。高位厚禮，不能回其慮；

嚴威峻法，未足懼其心。經行宴坐，夷險莫二。戒德律儀，始終如一。聖皇啟運，像法再興，卓爾緇衣，鬱為稱首。屈宸極之重，伸師資之義。三寶由其弘護，二諦藉以宣揚。信足追蹤澄什，超邁安遠，不意法柱。忽傾，仁舟遽沒，匪直悲纏四部，固亦酸感一人。師等杖錫挈瓶，承風訓導，升堂入室，具體而微。在三之情，理百恒慟。往矣奈何，其為時賢，珍敬如此。」所著《涅槃義疏》十五卷，《寶性勝鬘仁王》等疏各有差。其門人弟子紹緒厥風，具見別傳。

（據《續高僧傳》卷八《義解》）

隋京師淨影寺釋慧遠 〔註129〕

　　釋慧遠，姓李氏，敦煌也。後居上黨〔註130〕之高都〔註131〕焉。天縱疏朗，儀止沖和，局度通簡，崇覆高邈……

　　七年春往定州〔註132〕，途由上黨。留連夏講，遂闕東傳。尋下璽書，殷勤重請，辭又不免，便達西京。於時敕召大德六人〔註133〕，遠其一矣。仍與常隨學士二百餘人，創達帝室，親臨御筵，敷述聖化，通孚家國。上大悅，敕住興善。勞問豐華，供事隆倍。又以興善盛集，法會是繁。雖有揚化，終為事約。乃選天門之南，大街之右，東西衝要，遊聽不疲，因置寺焉，名為淨影。常居講說，弘敘玄奧，辯暢奔流，吐納自深，宣談曲盡。於是四方投學七百餘人，皆海內英華。法輪前轍，望京趣寺，為法道場。但以堂宇未成，同居空露，蓬蕎庵舍，巷分州部，日夜祖習，成器相尋。雖復興善諸德英名一期，至於歸學師尋千里繼接者，莫高於遠矣。形長八尺，腰有九圍，十三幅裙可為常服。登座震吼，雷動蟄驚，充愜群望，斯為盛矣。開皇十二年春，下敕令知翻譯，刊定辭義。其年卒於靜影寺，春秋七十矣。冕旒哀感，為之罷朝。帝呼嗟曰：「國失二寶也。」時遠與李德林〔註134〕同月而喪，故動帝心。自遠括發尋師，本圖傳授，周歷兩代，化滿八方。著疏屬詞，詮綜終始。承習開誤，櫛比塵連。同

〔註129〕 中國佛教史上，僧人取名慧遠者很多，敦煌慧遠的聲譽僅次於東晉高僧廬山慧遠，故佛教史上也稱其為「小慧遠」。

〔註130〕 上黨：古地名，治在今山西長治。

〔註131〕 高都：古地名，治在今山西晉城。

〔註132〕 定州：古地名，治在今河北定縣。

〔註133〕 此處大德六人指洛陽慧遠、魏郡慧藏、清河僧休、濟陽寶鎮、汲郡洪遵、太原曇遷。《續高僧傳》皆有傳。

〔註134〕 李德林：字公輔，博陵安平人。《隋書》卷四十二有傳。

范時朝，得稱方駕。初見病數日，講堂上脊，無故自折。相顧颯然，必知不損。及大漸之日，端坐正神，相如入定。侍人不覺其卒。忽聞室有異香，咸生疑怪，屬之以續，方悟氣盡。昔在清化先養一鵝，聽講為務，頻經寒暑。遠入關後，鵝在本寺，棲宿廊廡，晝夜鳴呼。眾僧患之，附使達京。至靜影大門放之，徑即鳴叫，騰躍入遠房內。爾後依前馴聽。但聞法集鐘聲，不問旦夕。覆講豎義，皆入堂伏聽。僧徒梵散，出戶翔鳴。若值白黑布薩，雖聞鍾召，終不入聽，時共異之。若遠常塗講解，依法潛聽。中聞泛及餘語，便鳴翔而出，如斯又經六載。樂聽一時不虧，後忽哀叫庭院，不肯入堂，自爾二旬，遠便棄世，即開皇十二年六月二十四日矣。俗年七十，僧臘五十。又當終之日，澤州本寺講堂眾柱，及高座四腳，一時同陷，僉議以感通幽顯。勒碑，薛道衡制文，虞世基〔註135〕書，丁氏鐫之，時號為三絕。初遠同聽大乘可六七載，洞達深義，神解更新。每於鄴京法集，豎難罕敵，由此名冠遠近。異論所推，既而勤業曉夕，用心大苦，遂成勞疾。十五日內覺觀相續，不得眠睡。氣上心痛，狀如刀切。食弱形羸，殆將欲絕。憶昔林慮，巡歷名山，見諸禪府備蒙傳法，遂學數息，止心於境。克意尋繹，經於半月。便覺漸差，少得眠息，方知對治之良驗也。因一夏學定，甚得靜樂，身心怡悅，即以己證用問僧稠，稠云：「此心住利根之境界也，若善調攝，堪為觀行。」遠每於講際，至於定宗，未嘗不讚美禪那，槃桓累句，信慮求之可得也。自恨徇於眾務，無暇調心，以為失耳。七夏在鄴創講《十地》，一舉榮問，眾傾餘席。自是長在講肆，伏聽千餘，意存弘獎，隨講出疏，《地持疏》五卷，《十地疏》七卷，《華嚴疏》七卷，《涅槃疏》十卷，《維摩勝鬘壽觀溫室》等並勒為卷部。四字成句，綱目備舉，文旨允當，罕用擬倫，又撰《大乘義章》十四卷，合二百四十九科，分為五聚，謂教法、義法、染、淨、雜也，並陳綜義差，始近終遠，則佛法綱要，盡於此焉。學者定宗，不可不知也，自遠之通法也。情趣慈心，至於深文隱義，每丁寧頻，復提撕其耳。唯恨學者受之不速。覽者聽之不盡，一無所惜也。是以自於齊朝，至於關輔及畿外要荒，所流章疏五十餘卷，二千三百餘紙，紙別九百四十五言，四十年間曾無痾疢。傳持教導，所在弘宣，並皆成誦在心，於今未絕。本住清化，祖習《涅槃》，寺眾百餘，領徒者三十，並大唐之稱首也。而遠勇於法義，慈於救生，戒乘不緩，偏行拯溺，所得利養，並供學徒。衣缽之外，片無留惜。嘗製《地持疏》訖，夢

〔註135〕虞世基：隋代書法家，文學家，字茂世，一作懋世，會稽餘姚（今慈谿市觀海衛鎮鳴鶴場）人。《隋書》卷六十七、《北史》卷八十三有傳。

登須彌山頂，四顧周望，但唯海水。又見一佛像身色紫金在寶樹下，北首而臥，體有塵埃。遠初則禮敬，後以衣拂。周遍光淨，覺罷謂所撰文疏頗有順化之益，故為此徵耳。又自說云：「初作《涅槃疏》訖，未敢依講，發願乞相，夢見自手造素七佛八菩薩像，形並端峙，還自續飾。所畫既竟，像皆次第起行。末後一像，彩畫將了，旁有一人，來從索筆，代遠成之。覺後思曰：「此相有流末世之境也。」乃廣開敷之，信如夢矣。又未終一年，夢見淨影長竿自倒，燈耀自滅，便至歲日所使淨人小兒二人，手放從良，分處什物，並為功德，又敕二時講前，令大眾誦般若波羅蜜咒，限五十遍。以報四恩，初不中怠。又傷學眾，不能課力。每因講日，如此正義，須臾不聞，識者以為達宿命也。及覺輕貶，於房外香湯洗浴，即在外宿，至曉入房，食粥倚床而臥，問曰：「早晚？」答云：「今可卯時。」乃曰：「吾今覺冷氣至臍，去死可二三寸在，可除倚床。」自跏其足，正身斂目，不許扶侍，未言其卒，驗方知化。香若栴檀，久而歇滅，後乃臥之，手足柔軟，身份併冷，唯頂上暖焉。有沙門智猛者，相人也。伏佩法教，每蒙延及，故疏為行狀，擬學者所承，猛談說有偏，機會稱善，振名東夏云。

（據《續高僧傳》卷八《義解》）

隋西京空觀道場釋慧藏

釋慧藏，姓郝氏，趙國平棘〔註136〕人。十一出家，即流聽視……開皇七年，文帝承敬德音，遠遣徵請，蒲輪既降，無爽綸言。藏乘機立教，利見大人。杖錫京輦，仍即謁帝承明，亟陳奧旨，凡所陶誘，允副天心，即六大德之一也，有敕加之殊禮。故二紀之內，四時不墜。後以《般若》釋論群唱者，多至於契賞，皆無與尚。時有沙門智穩、僧朗、法彥等，並京室德望，神慧峰起。祖承舊習，希奉新文，乃請開講《金剛般若論》。藏氣截雲霞，智隆時烈，將欲救拯焚溺，即而演之。於時年屬秋方，思力虛廓，但控舉綱致，標異新理。統結詞義，言無浮泛，故稟益之徒，恐其聲止，皆崇而敬焉。以大業元年十一月二十九日，遘疾卒於空觀寺，春秋八十有四。臨終誠心曠濟，累屬露骸，弟子奉謹遺訣，陳屍林麓。掩骸修塔，樹於終南山至相寺之前峰焉。立銘表德鐫於塔。後沙門明則為製碑文，見之別集。

（據《續高僧傳》卷九《義解》）

〔註136〕平棘：古地名，治所在今河北趙縣。

隋東都內慧日道場釋智脫

釋智脫，俗姓蔡氏，其先濟陽考城〔註137〕人也……後隨帝入京，住日嚴寺。遣學士諸葛穎〔註138〕齎教書請講。於即奉命成化，宣譽天朝。自江南成實，並述義章。至於論文，曾無顧涉。脫憤激先達，創問其論，命筆製疏，消散有聞。更使德溢由來，重新其美，自帝居望苑，大緝玄猷。以脫譽動物情，下令使修論疏，素已條貫，卷帙將成，乃結為四十卷，尋用奏聞。及獻后既崩，福事宏顯，乃召日嚴英達五十許人，承明內殿，連時行道。尋又下令講《淨名經》。儲後親臨，時為盛集。沙門吉藏，命章元坐。詞鋒奮發，掩蓋玄儒。道俗翕然，莫不傾首。脫以同法相讓，未得盡言。藏乃顯德自矜，微相指斥。文至三解脫門，脫問曰：「三解脫門，以何箭射。」藏曰：「未解彎弧，何論放箭。」脫即引據徵勘，超拔新奇。遂使投解莫從，處坐緘默。殿下乃分品量德，依位演之。既即席端，便盡胸臆。仍令與道莊法師遞陞高座，共談玄理。賓主無竭，貴達咸欣。嗣後嗟味，載形音旨。頻遣庶子張衡，殷勤稱敘曰：「法師才學鉤深，古今罕例。仰觀談說，稱實不虛。」覽所撰論疏，光溢心目。可更造淨名疏及大小名教。便給書吏，尋錄勒成。釋《二乘名教》四卷，《淨名疏》十卷，常自披玩。又遣畫工圖其形於寶臺供養，每雕輦來儀，未嘗不鞠躬致敬。瞻仰遺塵，有若真對。初梁代琰法師撰成《論玄義》十七卷，文詞繁富，難於尋閱。學者相傳，莫敢刪正。脫乃研詳領要，演暢惟新。理在忘筌，義深功倍。卷軸因舊，宗旨不殊。當世盛行，無不欣慶。斯可謂懸鏡拂而逾明，寶珠瑩而加彩是也。仁壽末年，龍飛之始。以脫夙昔敦，厚情在深衷，賜帛四百段，用隆厥德也。大業元年，隨駕洛邑……

（據《續高僧傳》卷九《義解》）

隋東都內慧日道場釋道莊

釋道莊，揚州建業人……末又追入京師，住日嚴寺。頻蒙謁見，酬抗新敘。引處宮圍，令其講授。言悟清華，玄儒總萃，皆歎其博要也。晚出曲池，日嚴本室。又講《法華》，直敘綱致，不存文句，著疏三卷，皆風骨雅趣，師者眾焉。煬帝初臨，以莊留連風雅，道味所流，賜帛五百段，氈四十領。隨駕

〔註137〕即今河南蘭考一帶。
〔註138〕諸葛穎：字漢丹，建康人。

東指因疾而卒於洛陽，時年八十一矣，即大業之初也。有集數十卷，多在淮南，少流北壤。

（據《續高僧傳》卷九《義解》）

隋東都內慧日道場釋法論

釋法論，姓孟氏，南郡〔註139〕人……後入京輦，住日嚴寺。文帝時幸仁壽，論往謁見，特蒙接對，躬事展禮。帝美其清悟，為設淨饌於大寶殿。登即在坐，上詩敘談帝德宮觀，宏麗今古，高祖重加歎賞。及晉王之處春坊，優禮彌厚。中使慰沃，啟疏相尋。大業元年將移東闕，下敕賜千秋樹皮袈裟十領，帛五百段，氈四十領。皇后賜狐掖皮坐褥及法服等物，故其道望，帝後咸供之隆重為類此也。因隨駕至洛……

（據《續高僧傳》九《義解》）

隋京師大興善道場釋僧粲

釋僧粲，姓孫氏，汴州陳留人也。幼年尚道，遊學為務，河北江南，東西關隴，觸地皆履，靡不通經。故涉歷三國，備齊陳周，諸有法肆，無有虛踐。工難問善博尋，調逸古今，風徽遐邇，自號為三國論師。機謿動人是所長也。

開皇十年迎入帝里，敕住興善。頻經寺任，緝諧法眾，治績著聲。十七年下敕，補為二十五眾第一摩訶衍匠，故著《十種大乘論》，一通、二平、三逆、四順、五接、六挫、七迷、八夢、九相，即十中道。並據《量經論》，大開軌轍，亦初學之巧便也。仍於總化寺敷通此論，以攝學眾。又著《十地論》兩卷。窮討幽致，散決積疑。仁壽二年，文帝下敕置塔諸州，所司量遣大德，多非暮齒。粲欲開闡佛種，廣布皇風。躬率同倫洪遵律師等，參預使任。及將發京輦，面別帝庭，天子親授靈骨，慰問優渥，粲曰：「陛下屬當佛寄，弘演聖蹤，粲等仰會慈明，不勝欣幸。豈以朽老用辭朝望。」帝大悅曰：「法師等豈又不以欲還鄉壤，親事弘化。宜令所司備禮，各送本州。」粲因奉敕，送舍利於汴州福廣寺。初達公館，異香滿院，充塞如煙。及將下塔，還動香氣，如前蓬勃。又放青光，映覆寶帳。寺有舍利亦放青光。與今

〔註139〕南郡：古地名，治在今湖北荊州。

送者，光色相紃，又現赤光，當佛殿上可高五尺。復現青赤雜光在寺門上，三色交映，良久乃沒。粲具表聞，詳於別傳。仁壽年末，又敕置塔於滑州修德寺。初停館宇，夜放黃光，遍滿一室，千人同見。後放五色，食頃方滅，自爾求者輒現，不可殫言。及至塔寺，夜別放光，乃照一寺。與晝無別。有趙威德者，患目積年，蒙照平復。當下塔日，又放光明。塔上空雲五色間錯，或如賢聖仙人龍鳳林樹等像。峙於雲內，數萬士女，嗟詠成音，前後往使，皆感靈瑞。文帝歡重，更加敬仰。時李宗有道士褚揉者，鄉本江表，陳破入京，既處玄都。道左之望探微，辯妙擬闡三玄。學斟宗師，情無推尚。每講莊老，粲必聽臨。或以義求，或以機責，隨揉聲相，即勢沉浮。注辯若懸泉，起嘩如風卷。故王公大人莫不解頤撫髀，訝斯權變。常下敕令揉講老經。公卿畢至，惟沙門不許預坐。粲聞之不忍其術，乃率其門人十餘，攜以行床，徑至館所。防衛嚴設，都無畏憚。直入講會，人不敢遮。揉序王將了，都無命及。粲因其不命，抗言激刺。詞若俳譴，義實張詮。既無以通，講席因散。群僚以事聞上，帝曰：「斯朕之福也。」得與之同時，隋齊王暕，見禮下筵，欽茲歎咽，常欲見其談說，故致於法會。有沙門吉藏者，神辯飛玄，望重當世。王每懷摧削，將傾折之。以大業五年於西京本第盛引論士三十餘人，令藏登座，咸承群難，時眾以為榮會也，皆參預焉。粲為論士，英華命章，標問義筵，聽者謂藏無以酬及，牒難接解，謂粲無以嗣。往還抗敘，四十餘翻，藏猶開析不滯。王止之，更令次座接難，義聲繞卷。粲又續前難，勢更延累，問還得二三十翻，終於下座，莫不齊爾。時人異藏通瞻坐制，勍敵重粲，繼接他詞，慧發鋒挺。從午至夕，無何而退。王起執粲手而謝曰：「名不虛稱，見之今日矣。」躬奉麈尾什物，用顯其辯功焉。而行攝專貞，不貪華望，及禪定鬱起，名德待之。道行既隆，最初敕命。粲以高位厚味，沈累者多，苦辭不就。以大業九年卒於興善，春秋八十有五。弟子僧鸞、僧鳳，並以繼軌馳名。鸞本姓王，名為大業，八歲通禮，十歲講傳於江都。夙有驚俗之譽，及投簪佛種，經論有聞，隋末返俗，唐初出仕，位至給事中。鳳有別傳，自光徽續。

（據《續高僧傳》卷九《義解》）

隋西京大禪定道場釋靖玄

釋靖玄，姓趙氏，天水人也。識度淹弘，清鑒懸遠。七歲任郡學生，勤閱

三冬，藝該六典〔註140〕。皇隋肇運，便業李張〔註141〕，名預黃巾〔註142〕，身同觀宇。呼吸沆瀣，吐納陰沆，每思《五千道德》〔註143〕，良非造真。七誡超昇，本為浮詭。乃捨其巾褐，服此伽梨。澄練一心，專宗經部。時年在息慈，頻登法匠。華夷欽仰，緇素屬目。受具已後，聲勢轉高。遂使化靡隴西，扇榮河洛。以秦涼荒要，佛法澆侈，將欲結其頹網，布此遺繒，具列正法要務，奏上文皇。蒙敕允述，綸言獎拔。登下河右，頒條依用。元德太子〔註144〕籍甚芳猷，翹想欽挹，爰降令旨，遠召京華。玄遂恭承嘉惠，來翔帝宇。有令於大興善道場，盛弘法會，飛軒鳴玉，杖錫挈瓶。總萃觀風，德音通被。縱遠論體，舒散疑蹤，能使難者由門，解宣盡力。時璨法師居坐謂曰：「自河涼義侶，則道朗擅其名，沿歷至今，爾其接軫，代不可削，斯人在斯。」由此顯譽京師，綽然高步。會高祖昇遐，鬱興禪定，遂應詔住焉。常轉梵輪，弘匠非少。大業七年正月二十九日，無疾而化，春秋四十有三。

初，玄生平言論，慈悲為主，每許遺骸，棄之林野。有天水同侶沙門慧嚴，追想昔言，送尸山麓。肌肉已盡，便鳩聚遺身，構茲磚塔於終南龍池寺之西嶺。樹銘塔所，用旌厥德，沙門明則為文。則本冀人，通玄儒，有才慧，納言敏行，尤所承統。文藻雖馳，時未之賞，乃製覺觀寺碑，物亦不悟。僕射楊素見而奇之，由斯一顧，方高聲問。奏住仁壽宮三善寺，東都譯經，又召入館，專知綴緝。隋末卒於所住，有集行世。薛道衡每曰：「則公之文，屢發新采，英英獨照，其為時賢所尚也如此矣。」

（據《續高僧傳》卷十《義解》）

隋西京寶剎道場釋淨願

釋淨願，未詳其氏，代州人也。三十出家，博聞強記。推核經論，夙有成規。遠為諸學之所先仰，創進大戒專師律部。既越立年，彌隆盛業。以旦達曙，翹精固習。觀採五遍，便就講說。初以其壯室入道，人多輕侮，試聽其談

〔註140〕六典：《周禮》謂六典為治典、教典、禮典、政典、刑電、事典。
〔註141〕李張：李即李耳，張即張陵（張天師），皆為道教所奉之教主。
〔註142〕黃巾：道教前身是所謂「黃老道」，黃指黃帝，李指老子李耳。傳道者以黃巾抹額，故以「黃巾」代指道教。
〔註143〕《道德經》又稱《老子五千文》，因文數五千故。《五千道德》也應是其另稱。
〔註144〕元德太子：即隋煬帝長子楊昭，大業初立為皇太子，死後諡元德太子。《隋書》卷五十九有傳。

說，屬其文理，清洞開散，片無擁滯。各投心位席，莫不致敬。願連講四分，接承十遍。又聽《十地》、《華嚴》及諸小論，末師準攝論，綱紐章句，並通了談，對課篤形。有鑽注聖言，依解制節，廣流章疏。晚入京輔，採略未聞。雖經懷抱，無一新術，時未測其通照也。住於寶剎寺中，潛其容藝。後因法集願欲，矜其名采。次當豎義，意存五陰，便登坐而立，眾以其非倫，皆寂無言論，良久緘默。願俯視眾曰：「豎義已久，如何不有問乎。」眾曰：「豎何等義，乃邀問耶。」願曰：「名相久矣，眾自不知。諸德坐席口傳，餘則色心俱立，便安然處坐，氣勇如雲。自述曰：計未勞止，此且修人事耳。」時以為矯異露潔也。及難擊往還，對答雲雨，皆先定其番數，後隨數盡言。開塞任於當時，邪正由其通滯。或重疑積難由來不決者，而能詮達其理，釋然新暢。於即預是聰慧，歸蹤者多。遂移就寶昌，四序恒接。草堂土埵，以此敷弘。正時攝論，晚夜雜心。或統解涅槃，或判銷四分，無擇餘暇，軌範後賢。凡所開言，並乖舊解，製疏出後，更不重看。臨講呼喚，皆衷規矩。其洽聞不忘，世罕加焉。至如舍利毗曇，文旨重隱，讀者猶難，況通其義。願執卷披文，泠然洞盡，乃造疏十卷，文極該贍。

會文帝造塔，敕遣送舍利於潭州之麓山寺。初至州治，度湘西岸，將及山所，忽有奇鳥。數萬為群，五色相翻，飛浮水上，行次向船，似相迎引。及至舍利，還飛向前，往還迅速，眾莫不怪。及登岸上，鳥便行望，相從飛空，同至塔所，識者以為山神眷屬之變象故也。願以瑞聞，帝大嗟賞。而教授為務，六時禮悔，初儀不怠，敬慎法律，如聞奉用。自見法匠，多略戒宗。並由虧信，而重所學故也。今願兼而美之獨覺澆世，可謂明人護戒於是乎得矣。京邑擅名初皆欽羨。及見其談講經術，並憲章先達，改正文議，封言者眾不勝品藻。皆滯其恒習。聽者不滿十人，又以言令卓絕，非造心者所覬故，不為晚進所入。

及大業初歲，辯相法師追入慧日，見徒一百，並識知津，皆委於願。自此如常開悟，眾倍前聞，更相擊贊，令響彌遠。四方因造，日就義筵，皆聞所未聞，欣至難義。至於分暢深伏，標舉綱門。坐者不覺，離席膝前，皆美其義採之英拔也。相仍一歲，奄就無常。春秋六十有餘，即大業五年五月也。然願有博見之長，而寡於福業，驗乎從學，屯盛便喪，豈不然耶。既而《舍利》、《毗曇》竟未披講，疏又失落，後代絕通。又可悲之深矣。

（據《續高僧傳》卷十《義解》）

隋西京禪定道場釋智凝

釋智凝，不詳姓族，豫州人。年小出家，積傳師習，經目不忘。並貫懷抱，所誦眾經，數十萬言。須臾便引誦，未嘗溫故。及進具後，日聲情望，群宗遙指，恐無後成。凝聞之歎曰：「俗尚朝聞，不懷夕死。出世道要何累，厚彭生城。」遂往嵩公仰諮攝論。幽神外動，正義斯臨，心若舊聞，再無重請。初講才訖，第二勝相，顧諸徒曰：「攝論綱旨都可見矣。」餘文無暇更聽，便欲製疏，往辭於嵩。嵩曰：「後生標領，爾並驅邪，恨功未後通，恐乖僻耳。」凝曰：「蒙法師開明大照，舉列可知，失在支詐，故無所慮，便拜首別焉。」時以為誇誕未之欣尚也。及著疏既了，剖決詞宗，依而講解，聲望轉盛。

後赴京輦，居於辯才，引眾常講，亟傳徽緒。隋文法盛，屢興殿會，名達之僧，多參勝集，唯凝一人領徒弘法，至於世利，曾不顧眄。所以學侶成德，實異同倫。後住禪定，猶宗舊習。大業年中卒於住寺，春秋四十有八。

（據《續高僧傳》卷十《義解》）

隋西京真寂道場釋法彥

釋法彥，姓張，寓居洺州。早歲出家，志隆大法。而聰明振響，冠遠儕倫。雖三藏並通，偏以大論馳美。遊涉法會，莫敢抗言，故齊周及隋，京國通懼，皆畏其神爽英拔也。故得彥所造言，賓主兼善，使夫妙義精緻，出言傳旨。齊公高穎，訪道遐方，知彥聲績，乃迎至京邑。雖復智亮，冒於當時，而謙素形於聲色，所以新故挾情，有增陵勃者，彥奉而敬之。不以年齒相顧，由此識者，彌愛而珍重焉。有法侃法師，本住江表，被召入關。彼方大德淵法師者，正法高粲，義學所推。語侃曰：「天地雖廣，識達者希，晚學之秀。法彥一人，可與論理，餘則云云，從他取悟耳。」及侃至京，相見方知淵之遠鑒也。

開皇十六年，下敕以彥為大論眾主，住真寂寺，鎮長引化。仁壽造塔，復召送舍利於汝州。四年，又敕送於沂州善應寺，掘基深丈，乃得金沙。濤汰成純，凡二升許，光耀奪目，又感黃牛自至塔前，屈膝前足，兩拜而止回身。又禮文帝，比景象一拜，及入石函，三萬許人並見天雲五色，長十餘丈，闊三四丈，四繞白雲，狀如羅綺，正當基上空中，自午及未，方乃歇滅。滅後復降五色雲，從四方來，狀同前瑞。又感玄鶴五頭從西北來，迴旋塔上，乃經四度，去復還來。復感白鶴於上徘徊，久之乃逝。又感五色蛇屈盤函外，長可三

尺，頭向舍利驚，終不怖，如此數度。刺史鄭善果表曰：「臣聞敬天育物，則乾象著其能，順地養民，則坤元表其德是以。陶唐砥躬弗懈，休氣呈祥。夏后水土成功，玄圭告錫，方知天時人事，影響若神。伏惟陛下，秉圖揖讓，受命君臨。區宇無塵，聲教盡一。含弘光大，慈愍無邊，天佛垂鑒，降茲榮瑞。塔基六處，並得異砂，炫耀相輝，俱同金寶，牛為禮拜，太古未經，雲騰五色，於今方見。又感蛇形雜採，盤旋塔基。鶴颺玄素，徘徊空際。雖軒皇景瑞，空傳舊章，漢帝慶徵，徒書簡冊，自非德隆三寶，道冠百王，豈能感斯美慶，致招靈異。」帝悅之，著於別記。彥傳業真寂，道俗承音。左僕射高穎，奉以戒法，合門取信，於今不傾，並彥之開濟。以大業三年卒於所住，春秋六十餘矣。

（據《續高僧傳》卷十《義解》）

隋西京海覺道場釋法總

釋法總，姓段氏，并州太原人也。少以誦《涅槃》為業，既通全部，志在文言，未遑聽涉。十餘年中，初不替廢。後聽玄義，便即傳講。前後二紀，領悟非一，而寬厚遜仰，為物歸投。

開皇中年，敕召為涅槃眾主。居於海覺，聚結四方，常敷至理，無捨炎燠。仁壽歲初，敕送舍利於隋州之智門寺，掘基三尺，獲神龜一枚，色黃且綠，狀如彩繡，頭有八字云：上大王八萬七千年，腹下有王興二字。馳步往來，都無所食。及舍利所，由令人治道於隋侯。橋側柳樹，又雨甘露，狀如雨下，香甜濃潤，眾共飲之。總乃表聞，帝敬謁靈祥，恒以此龜，置於御座，與臣下觀之，有經年月，帝遊北苑，放之清池，雖泛泳少時，還出繞池。隨逐帝躬，前後非一。陪衛咸睹，共欣徵感。及四年春，又敕送舍利於遼州下生寺，放光分粒，其相極多，石函變為錦文，及童子之象。函之北面現於雙樹，下有臥佛。又於函南現金剛捉杵擬山之相，又於函東現二佛俱立，並一騏驎。又於函西現一菩薩並一神尼，曲身合掌，向於菩薩，更有諸相，略不述之。又放大光，聊亂而起，動眩人目，從冥達曉。諸燈雖滅，而光續照，不異日月之明。爾夕陰雨，佛堂鴟吻，放於黃光，飛移東南，三百餘步，外人謂火。走赴知非，尋光所發，乃從堂中舍利處，出眾皆通，見大發道心。八日將下，五色雲蓋覆於塔上。又感奇鳥素身，烏尾赤觜，口銜片雲，狀如華蓋亦現塔上，斯瑞之感，五萬餘人一時同見。及墳下訖，雲鳥皆滅。四月九日基上放光，分為

五道，直西而去。色如彩畫，數百里引之，見者非一。總躬臨此瑞，喜發內心，具圖上聞，敕封秘閣。後因故業，講誦不疲。大業年中卒於海覺，春秋七十矣。門人行等，玄會嗣續擅名，見於別傳。

（據《續高僧傳》卷十《義解》）

隋西京大興善道場釋僧曇

釋僧曇，姓張，住洺州。少小出家，通諸經論。慨佛法未具，發憤求之。以高齊之季，結友西行，前達葱山。會諸梗澀，路既不通，乃旋京輦，梵言音字，並通詁訓。

開皇十年，敕召翻譯，事如別傳，住大興善。後敕送舍利於蒲州之棲岩寺，即古雲居寺也。山曰中朝，西臨河涘，世稱形勝，莫尚於斯。初送達州治，而棲岩佛殿，內有鍾鼓之音，響振一寺，迫而就檢，一無所見。靈輿至寺，是夜於浮圖上，放大光明，流照堂內，通朗無翳。如是前後，頻放神光。或似香爐，乘空而上。或飛紫焰如花如葉，乍散乍聚。或如佛像光趺宛具，或如虹氣環繞塔帳，累日連宵，昱光難準。又州治仁壽寺僧，夜望棲岩，光如樓闕，照於山谷。又去山寺八十里，住者見光如火，皆謂野火燒寺。及來尋覓，乃知靈相，其祥瑞之感如此也。至仁壽末年，又敕於殷州智度寺置塔。初至州治，見佛像垂手，正坐在於瓶內。迄至入函，常不變異，又地生羅文，屋上見青蓮華及菩薩像，大眾同睹。又見龍盤蛇屈之象，並大人足跡及牛馬鳥狩等跡。又置塔處有小蛇二枚，停住不去，因即構基，入地四尺，飛泉上湧，屬疾已下，六根壞人。服者通損，既值斯緣。乃移北置，以避於泉，故二蛇之住深有由矣。曇以傳譯之美，繼業終寺，即大業初年矣。

（據《續高僧傳》卷十《義解》）

隋西京大禪定道場釋靈璨

釋靈璨，懷州人，遠公之門人也。稟志淳直，寬柔著稱。遊學相鄴，研蘊正理。深明《十地》、《涅槃》，備經講授。隨遠入關，十數之一也。住大興善，後為遠公去世，眾侶無依。

開皇十七年，下敕補為眾主。於淨影寺，傳揚故業，積經年稔。仁壽興塔，降敕令送舍利於懷州之長壽寺。初建塔將下，感一雄雉集於函上，載飛

載止，曾無驚懼，與受三歸，便近人馴擾，似如聽受，回頭鼓舞，欣躍自娛，覆勘其形，實非雉也，身具五采，羽毛希世，以狀奏聞，敕勘瑞圖，雲彩鸞也。璨令寺僧執之放于北山，飛鳥群迎，鳴唳而去。又感異跡，三十餘步，直來塔所，不見還蹤。及四月八日，將入石函，又放光明，旋環隱沒，道俗崩踊，無不發心。仁壽末年，又敕送於澤州古賢谷景淨寺起塔，即遠公之生地也。初至州治，半月之間，十八種相，前後迭起。或如星光繞旋，或如丹氣碧雲，紫霞白霧，羅布上空，照燭城郭。及映闤闠，數萬道俗，同時一見。送至基所，光如列宿，大小交錯，數亦無量。更有諸相，俱如別傳。璨後住大禪定，如舊所傳。武德之初，卒於本寺，春秋七十矣。

（據《續高僧傳》卷十《義解》）

隋西京勝光道場釋法瓚

釋法瓚，齊州人也。安心寂定，樂居岩穴，頭陀苦行，是所纏懷。隱於泰嶽之阜，開蒙訓接，善知方便。兼以達解諦義，時揚清論。致有覆喪，坐無輟講。待移之誚興世，瓚初聞之，深自作曰：「問非切並，不欲困人。」謂言彼解，何言致斃，因遂杜口，不事言論，閉閤尋閒，披玩而已。

開皇十四年，文帝省方，招訪名德。人有述其清曠者，乃下敕延之，與帝同歸，達於京邑，住勝光寺。蕭蕭禪侶，擁彗門庭。以身範世，復見斯日。仁壽置塔，敕令送舍利於齊州泰山神通寺，即南燕主慕容德為僧朗禪師之所立也，事見前傳。燕主以三縣民調用給於朗，並散營寺，上下諸院，十有餘所。長廊延袤，千有餘間，三度廢教，人無敢撤。欲有犯者，朗輒現形，以錫杖擬之，病困垂死，求悔先過，還差如初。井深五尺，由來不減，女人臨之，即為枯竭，燒香懺求，還復如故。寺立已來四百餘載，佛像鮮瑩，色如新造，眾禽不踐，於今儼然，古號為朗公寺。以其感靈即目故，天下崇焉。

開皇三年，文帝以通徵屢感故，改曰神通也。初至寺內，即放圓光，乍赤乍白，時沈時舉，或如流星，人眾同見。井水湧溢，酌而用之。下後還復，又感群鹿自然至塔，雖鼓吹眾鬧，馴附無恐。又感鵝一雙，從四月三日，終於八日，恒來輿前，立聽梵贊，恰至埋訖，跡絕不來。斯之感致，罕聞於古，瓚具以聞。後導以禪定時揚法化，言無嚴切，而密附懷抱，遂終沒於所住。

（據《續高僧傳》卷十《義解》）

隋西京淨影道場釋寶儒

釋寶儒，幽州人也。童子出家，遊博諸講，居無常準，惟道是務。後至鄴下，依止遠公。十地微言，頗知綱領。值周喪法寶，南歸在陳。達命清通，亟振名譽。自隋氏戡定，文軌大同，便歸洛汭，還師於遠。聽《大涅槃》，首尾三載，通鏡其旨，即蒙覆述。遠自處坐印可其言，慕義相從，還居淨影，慧心更舉，遐討前英，立破之間，深鑒彌密。仁壽建塔鄧州，乃敕令往寺，名大興國也，帝昔龍潛所基。既至求石，訪無美者。乃取寺內璞石，鑴斫為函。石本粗惡，磨飾將了，乃變成馬瑙，細膩異倫，復有隸字三枚，云正國得也。形設正直，巧類神工，名筆之人，未可加點。又見種種林木麟鳳等像，儒與官人，圖以表奏，返寺之後，閉門修業。時因食次，方見其面，不久卒於本寺。

（據《續高僧傳》卷十《義解》）

隋西京光明道場釋慧最

釋慧最，瀛州人也。初聽涅槃，遊學鄴下，因聞即講，曾未經遍。而言議綸綜，綽爾舒閑，故為同席諸賢之所歎仰。周滅齊日，南奔江表，複習慧門，頗通餘論。且自北僧在陳，多乖時俗。惟最機權內動，不墜風流，多為南方，周旋膠漆。隋室定天，中原安泰，便觀化輦掖，參聽異聞。後住光明，時傳雅導，而好居靜退。非賢不友，神志宏標，氣調高遠。不妄受辱，必清瑕累，其立志也如此。

仁壽年中，敕遣送舍利於荊州大興國寺龍潛道場。昔者隋高作相，因過此寺，遇一沙門，深相結納，當時器重，不測其言。及龍飛之後，追憶舊旨，下詔徵之。其身已逝，敕乃營其住寺。雕其舊房，故有興國龍潛之美號也，並出自綸言，帝之別意。又道場前面，步廊自崩，僧欲治護，控引未就。及舍利既至，將安塔基，巡行顯敞，惟斯壞處，商度廣狹，恰衷塔形，有識者云：「豫毀其廊，用待安塔。」及四月八日，舍利院內忽然霧起，齋後便歇，日光朗照，有雲如蓋，正處塔空，仍下細雨，不濕餘處。又感鳧鶴眾鳥塔上飛旋，又見雲間紫色狀如花炬，又雨天花如雪，紛紛而下，竟不至地。後又送舍利於吉州〔註145〕發蒙寺，掘深八尺，獲豫章板一條，古磚六枚，銀瓶二口，得舍利一枚。浮水順轉，又得一寶，體含九彩，人不識之，具以聞奏，寺有瑞像。

〔註145〕吉州：古地名，治今江西吉安。

宋大明〔註146〕五年，寺僧法均，夢見金容希世，梵音清遠，因行達於三曲江，見像深潭，光浮水上，與太守周湛等接出。計有千斤，而輕同數兩。身長六尺四寸，金銅所成。後長沙郡送光趺達都，文帝敕遣還安像所，宛然符合，總高九尺餘，佛衣緣下有梵書十餘字，人初不識，後有西僧，讀云：「此迦維羅衛國育王第四女所造也，忽爾失去，乃在此耶。」梁天監末，屢放光明照於一室。武帝將請入京，因事遂止。大同〔註147〕七年佛身流汗，其年劉敬宣為賊燒郡，及寺並盡，惟佛堂不及。至於十年，像又通汗，湘東王乃迎至江陵祈福放光。十二年，還返發蒙至寺，放光三日乃止。陳天嘉〔註148〕六年，更加莊飾，故世傳其靈異，處處模寫，最躬事頂，禮圖於光明，而骨氣雄幹，誠為調御之相。今時所輕略故也，後卒於住寺。

（據《續高僧傳》卷十《義解》）

隋西京禪定道場釋僧朗

釋僧朗，恒州人。少而出俗，希崇正化，附從聽眾，尋繹大論，及以雜心，談唱相接，歸學同市。入關，住空觀寺。復揚講席，隨方利安，而仁恕在懷，言笑溫雅，有在其席，無悶神心，宏博見知，眾所推尚。時有異問素非所覽者，便合掌答云：「僧朗學所未通，解惟至此。」故英聲大德，咸美其識分，不敢蔑其高行也。仁壽置塔，下敕令送舍利於番州，今所謂廣州靈鷲山果實寺寶塔是也。初至州治，巡行處所，至果實寺便可安之。寺西對水枕山，荒榛之下，掘深六尺，獲石函三枚，二函之內各有銅函，盛二銀像並二銀仙，其一函內有金銀瓶，大小相盛，中無舍利。銘云：宋元徽元年建塔。又寺中舊碑云：宋永初元年，天竺沙門僧律嘗行此處，聞鍾磬聲，天花滿山，因建伽藍〔註149〕，其後有梵僧求那跋摩來居此寺，曰此山將來必逢菩薩聖主，大弘寶塔，遂同銘之。今朗規度山勢，惟此堪置，暗合昔言，諒非徒作。事了還京，住禪定寺，講習為務。大業末年終於所住，春秋七十有餘矣。

（據《續高僧傳》卷十《義解》）

〔註146〕大明：南朝宋孝武帝劉駿的年號，即公元457～464年。
〔註147〕大同：南朝梁高祖武皇帝蕭衍的年號，即公元535～546年。
〔註148〕天嘉：南朝陳文帝陳蒨的年號，即公元560～566年。
〔註149〕伽藍：僧伽藍摩的簡稱，華譯為眾園，即僧眾所居住的園庭，亦即寺院的通稱。

隋西京淨影道場釋慧暢

釋慧暢，姓許氏，萊州〔註150〕人也。偏學雜心，志存名實，拘滯疆界，局約文義。初不信大乘，以言無宗當事，同虛誕也。後聞遠公播跡洛陽，學聲遐討。門人山崿，時號通明，暢乃疑焉。試往尋造，觀其神略，乃見談述高邃，冒罔天地，返顧小道，狀等遊塵，便折挫形神，伏聽三載，達解《涅槃》，慨其晚悟。又至京邑，仍住淨影，陶思前經，師任成業。仁壽置塔，敕送舍利於牟州〔註151〕拒神山寺。帝為山出黃銀，別敕以塔鎮之，用酬恩惠。山在州東五里，昔始皇取石為橋，此山拒而不去，因遂名焉。山南四里有黃銀穴，塔基之處名溫公埠，傳云：昔高齊初，有沙門僧溫，行年七十，道行難測，遊化為任，曾受梁高供養一十二年，後辭北，還行住此埠，創立寺宇，因山為號。而虎狼鳥狩，繞寺鳴吼，似若怖溫，溫出戶語曰：「汝是畜生，十惡所感；吾是人道，十善所招。罪福天懸，何勞於我。汝宜速去。」既聞斯及，於是鳥狩永絕此山。而溫身長七尺，威儀怯人，眉長尺餘，垂蔽其面，欲有所睹，以手褰之，故至於今，雖有寺號，而俗猶呼為溫公埠焉。暢安處事了，還返京寺。綜習前業，終世不出，言問慶弔，亦所不行。預知其亡，清浴其體，端坐待卒，至期奄逝，春秋七十有餘矣。

（據《續高僧傳》卷十《義解》）

隋西京日嚴道場釋智矩

釋智矩，姓吳氏，吳郡人。性矜莊，善機會，美容貌，雅為眾表。又善草隸，偏愛文章。每值名賓，輒屬興綴採，鋪詞橫錦，勇思霏霜，而儀軌憲司，未沿流俗。初聽興皇朗公講，討窮深致，學冠時雄，而神氣高標，在物峰出，威儀庠序，容止端隆。雖寢處虛閒，立操無改。有人私覘，兩月徒行，空野攝衣，無見抄反，欣其謹慎，故重敘之。講《四論》、《大品》，洞開幽府，鏡識宗歸，披釋金陵，望風頓怯，吐納機辯，適對當時，弘匠浙東，砥礪前學，致使禹穴西騖，成器極繁。末於故都建初寺又講《三論》，常聽百人。蔣州刺史武山公郭演，隋之良宰，創蒞南蕃，奉敬諮謁，降情歸禁。隋煬往鎮楊越，採拔英靈，矩既譽洽東甌，名流西楚。徵居慧日，處以異倫，而執志出群，言成世則，欲使道張帝里，學潤秦川。

〔註150〕即今山東萊州。
〔註151〕牟州：古地名，治在今山東萊州。

開皇十九年更移關壤，敕住京都之日嚴寺。供由晉國，教問隆繁，置以華房。朋以明德，一期俊傑，並是四海搜揚矩，特立清秀，不偶群侶。覃思幽尋，無微不討，外辭以疾，內實旁通，業競六時，研精九部，纔有昏昧，覽興賦詩。時暫閑餘，便觀流略，製《中論疏》，止解偈文。青目所銷，鄙而輕削，每講談敘，清擢宗致，雅涉曇影之風；義窟文鋒，頗懷洪偃之量。時有同師沙門吉藏者，學本興皇，威名相架，文藻橫逸，矩實過之，所以每講敘，王皆製新序，詞各不同，京華德望，餐附味道者殷矣。而性罕外狎，課力逞詞，自非眾集，未曾瞻覷。以大業二年正月卒於寺房，春秋七十有二，葬京郊之南。門人慧感、慧賾，親承嘉誨，詢處有歸，後於江之左右，所在通化，各領門侶，眾出百人，傳嗣宗績，不爽遺緒。

（據《續高僧傳》卷十一《義解》）

隋西京靜法道場釋慧海

釋慧海，姓張氏，河東虞鄉人。久積聞薰，早成慧力，年在童齔，德類老成。所以涉獵儒門，歷覽玄肆，雖未窮其章句，略以得其指歸，乃曰：「可以棲心養志者，其惟佛法乎。」年至十四，遂落髮染衣，為沙門大昭玄統曇延法師弟子也。流心宗匠，觀化群師，十八便講《涅槃》，至於五行、十德、二淨、三點，文旨洞曉，詞采豐贍。既受具戒，轉厭囂煩，屏跡山林，專崇禪業。居於弘農之伏讀山，會周武肆勃，仁祠廢毀，乃竄身避難，奔齊入陳。戒品無虧，法衣不捨，又採聽攝論，研窮至趣。大隋御宇，方踐京邑，帝姊城安長公主有知人之鑒，欽其德望，為立伽藍。遂受以居之，今之靜法寺是也。課業四部，三學兼弘，門徒濟濟，於今傳美。末愛重定行，不好講說，緘默自修，唯道是務，而無恃聲望，不言加飾，直心道場，於斯人矣。仁壽已前，文帝頻頒璽書，分布舍利，每感異祥，恒有延譽之美，故感應傳云：「初海造塔於定州恒嶽寺，塔基之左有澄，名曰龍淵。其水不流，深湛懸岸，及將安置即揚濤，沸湧激注，通於川陸。」父老傳云：「此水流竭不定，但有善事相投，必即泄流奔，其徵感如此類也。」後又送舍利於熊州十善寺，有人躄及痼疾者積數十年，聞舍利初到，輿來禮懺，心既殷至，忽便差損，輕健而歸，久值亢旱，飛塵天塞，又感甘澤，地如油塗，日朗空清，來蘇數萬。

大業二年五月二十七日卒於本寺，春秋五十有七。初病，極命諸徒曰：「吾聞上棟下宇，生民之偓佺；外槨棺內，世界之縈羈。既累形骸於桎梏，亦

礙生世於大患，豈揖禮義於囂塵，卜宅葬於煩飾者也。宜宗薄葬，用嗣先塵，貽諸有類矣。」弟子欽崇德範，收骨而建塔於終南之峰，即至相之前嶺也，刻石立銘，樹於塔所。自海之立寺，情務護持，勤攝僧倫，延迎賓客，凶年拯及，振名京邑云爾。

（據《續高僧傳》卷十一《義解》）

隋西京日嚴道場釋辯義

釋辯義，姓馬氏，貝州清河人也。少出家，沉靜寡世事，志懷恢厚，善與人交，久而篤敬，言無勃怒，滔然遠量。初歸猷論師，學《雜心》，貫通文義。年始登冠，便就講說。據法傳道疑難縱橫，隨問分析，曾無遺緒。有沙門曇散者，解超遂古名重當時，聞義開論，即來仇擬，往返十番，更無後嗣。義曰：「理勢未窮，何不盡論。」散曰：「餘之難人，問不過十，卿今答勢不盡，知復何陳。」當即驚譽兩河，甫為稱首⋯⋯

隋煬搜選名德，令住日嚴，以義學功顯著，遂之關輔，諮義決疑，日不虛席。京師俊德曇恭、道撫及頤淨等，皆執文諮議，窮其深隱，並未盡其懷也。後以世會明時，寺多高達，一處五講，常係法輪，義皆周歷觀詳，折衷弘理，而晦景消聲，不咎前失，必應機墜緒者，並從容辭讓，無何而退，不欲顯黜於前故，英雄敬其卑牧，傳芳又甚於昔。

仁壽二年，隋漢王諒遠迎志念法師來華京室，王欲炫其智術也，乃於禪林寺創建法集，致使三輔高哲咸廢講而同師焉。義廁其筵肆，聆其雅致，乃以情之所滯，封而問之，前後三日，皆杜詞莫對。念處座命曰：「向所問者，乃同疑焉。請在下座，返詢其志。」義潛隱容德，世罕共宗。及見慧發不思，合京竦神傳聽，其為顯晦皆此類也。煬帝昔位春宮，獻后雲背，召日嚴大德四十餘人，皆四海宗師一時翹楚，及義對揚玄理，允塞天心，沙門道岳，命宗俱舍，既無師受，投解莫從，凡有疑議，皆齎而取決，岳每歎曰：「余之廣揚對法，非義孰振其綱哉。」故洽聞之美，見稱英達。時有沙門智矩、吉藏、慧乘等三十餘人，並煬帝所欽，日嚴同止，請義開演雜心，顧惟不競。即就元席，既對前達，不事附文，提舉綱紐，標會幽體，談述玄極，不覺時延，其為時賢，所重如此。

以大業二年遘疾卒於住寺，春秋六十有六，葬京郊之南，東宮舍人鄭頲，為之碑頌。

（據《續高僧傳》卷十一《義解》）

隋西京日嚴道場釋明舜

釋明舜，姓張，青州人。少在佛宗，學周經籍，偏以智論著名，次第誦文六十餘卷，明統大旨，馳譽海濱，解惠連環，世稱雄傑。值法滅，南投屆於建業。棲止無定，周流講席。後過江北，住安樂寺。時弘論府肆意經王，大小諸乘並因準的，盛為時俊所採。時沙門慧乘，辯抗淮陽，義歸有敘，從舜指謫大論定其宗領，遂爾弘道，累穆棲意。未終夕經入夢，具見冥官，徵責福業，舜答：「講《智度論》並誦本文六十餘卷。」冥官云：「講解浮虛，誦經是實，余齡未盡，且放令還。」既寤，便止談論，專私自業。

末為晉王召入京輦，住日嚴寺。傳燈事絕，終竄其心，時敘玄義，頓傾品藻。仁壽四年，下敕造塔，令送舍利於蘄州〔註152〕福田寺，寺是州北三里鼓吹山上，每天雨晦冥，便增鼓角之響，因以名焉。竹林蒙密，層巘重疊，唯有一路，才可通車。寺處深林，極為閒坦，是南齊高帝所立也。三院相接，最頂別院名曰禪居，趙州沙門法進之所立也。下瞻雲霧，至於平旦日晚，望見橫雲之上乃有仙寺，每日如此，實為希有之勝地也。舜案行山勢，唯此為佳，乃於次院之內，安置靈塔，掘基三尺得一小蛇，可長尺餘，五色備飾，乃祝曰：「若為善相，可止香奩。」依言即入，遣去復來，經停三日，便失所在。又深一丈獲方石一段，縱廣徑丈，五采如錦，楞側晏然，如人所造，即以石函置上而架塔焉。以大業二年卒於京寺，春秋六十矣。門人慧相者，惠聲有據，崇嗣厥業，扇美江都。

（據《續高僧傳》卷十一《義解》）

隋西京禪定道場釋智梵

釋智梵，姓封氏，渤海條人，後因祖父剖符，遂居涿郡之良鄉焉。岐嶷彰美，早悟歸信。年十二，屆河間郡，值靈簡禪師，求而剃落。遂遊學鄴都，師承《大論》、《十地》等文，並嘗味弘旨，溫習真性，俊響遐逸，同侶歸宗。二十有三，躬當師導，後策錫崤函，通化京壤，綿歷二紀，利益弘多，結眾法筵，星羅帝里。

開皇十六年，天水、扶風二方勝壤，聞梵道務，競申奏請，有敕許焉。梵任吹虛舟，憩翼天水，大行道化，信靡如風。仁壽末年，重還魏闕，法輪重

〔註152〕蘄州：古地名，治在今湖北黃岡。

轉，學侶雲隨，開帙剖文，皆傳義旨。其年季春，奉敕置塔於郢州〔註153〕寶香寺，仍於塔東流水獲毛龜八枚，寺內基東池內又獲八枚，皆大小相似，與世無異，但毛色青綠，可長三寸，背上橫行五節而起，光相超異，出水便靡，但見綠甲，入水毛起，歷然上竦，具以奏聞。由是騰實楚都，知名帝闕。大業五年，又應詔旨令住禪定，靜緣攝想，無替暄寒。九年二月四日卒於寺房，春秋七十有五，遺屬施身，門徒遵旨乃送終南山，鳩集餘骸，緘於塔內，外施銘文，於今傳尚矣。

（據《續高僧傳》卷十一《義解》）

隋江都慧日道場釋慧覺

釋慧覺，姓孫氏，其先太原晉陽人也，江右喪亂，遷居丹陽之秣陵焉……

大業二年，從駕入京，於路見疾，而神色怡然，法言無廢，及至將漸，明悟如常。咸見金剛大神，前後圍繞，外國梵僧，燒香供養。初有智覺禪師，爰感靈應，乃見覺名題於金錄，固其所得位地義量難測。至三月二十二日，遷化於泗州之宿預縣……

（據《續高僧傳》卷十二《義解》）

隋終南山龍池道場釋道判

釋道判，姓郭氏，曹州承氏人也。三歲喪親，十五遊學，般涉史籍，略綜儒道。十九發心出家，投於外兄而剃落焉。具戒已後，歷求善友，深厭俗累，絕心再往。每閱像教東傳，慨面不睹靈跡，委根歸葉，未之或聞。遂勇心佛境，誓尚瞻敬……

達於長安，住于宗寺。判以先在窮險，無人造食，遂舍具戒，今返京室，後乃更受之，停止五年。逢靜藹法師，諮詢道務，慧業沖邃，淹歷五周，朝夕聞問，方登階漸。會武帝滅法，與藹西奔於太白山，同侶二十六人，逃難岩居，不忘講授，中、百四論，日夜研尋，恂恂奉誨。雖有國誅，靡顧其死，東引尋山，岠於華嶽，凡所遊遁者，望日參焉。遂離考山室二十餘所，依承藹德，為入室之元宗，始末一十五年，隨逐不捨。後藹捨身窮谷，用陳護法，判含酸茹毒，奉接遺骸，建塔樹銘，勒於岩壁，天元嗣歷，尋改邪風，創立百二

〔註153〕郢州：古地名，治在今湖北武漢。

十人為菩薩僧，判當其數。初住陟岵寺，大隋受命，廣開佛法，改為大興善焉。判道穆僧徒，歷總綱任，部攝彝倫，有光先範。開皇之肇，於終南山交谷東嶺，池號野豬，迥出雲端，俯臨原陸，躬自案行，可為棲心之場也。結草為庵，集眾說法。開皇七年，敕遣度支侍郎李世師，將天竺監工，就造院舍，常擬供奉。知判道業修曠，給額為龍池寺焉。大將軍雲定興，以為檀越，四事供給，無爽二時。侍郎獨孤機，餐奉音猷，於宅後園別立齋宇，請來棲息，終日將事，稟其法戒。薛國公及夫人鄭氏，夙奉清訓，年別至此，諮承戒誥，決通疑議。以大業十一年五月四日平旦卒於山寺，春秋八十有四。

初判釋蒙啟法，性狎林泉，少欲無競，樂居儉攝，行慈濟乏，偏所留心，履苦登危，彌其本意。故每至粟麥二熟，行乞貯之，至厚雪彌山，則遺諸飛走。所以山侶遊僧，蒙其獎濟者殷矣。又食不擇味，生無患苦，僧事鞅掌，身先令之，而弘道終朝，虔虔無怠，雖暫遊世，恒歸山室，斯亦岩岫之學觀矣。

（據《續高僧傳》卷十二《義解》）

隋終南山悟真寺釋淨業

釋淨業，俗姓史氏，漢東隨人也。年登小學，即沾緇服，閭里嘉之，號稱賢者。專經之歲，割愛出家，淨養威儀，霜厲冰潔。受戒以後，遊刃河內，精研律部，博綜異聞。時有論師慧遠，樹德漳河，傳芳伊洛，一遇清耳，便伸北面，學《涅槃》等經，皆品酌其致，弘宣大旨，而恨文廣功略，章句未離。及遠膺詔入關，業亦負帙陪從，首尾餐承，盡其幽理。晚就曇遷禪師，學於《攝論》，遷器宇崇廓，牆仞重深，遂舉知人，同揚樂說，嘉業鑽仰誠至，乃傾襟導引，隨聞頂受，緘勒寸心。開皇中年，高步於藍田之覆車山，班荊采薇，有終焉之志。諸清信士，敬揖戒舟，為築山房，竭誠奉養，架險乘懸，制通山美，今之悟真寺是也。業確乎內湛，令響外馳。仁壽二年，被舉送舍利於安州〔註154〕之景藏寺。初，通行諸基，欲於十力寺置之，行至景藏，忽感異香滿院，眾共嗟怪，因而樹立。將下舍利，赤光挺出，照於人物，寺重閣上，聞眾人行聲，及往掩捕，扃閉如初，一人不見。塔北有池，沙門淨范為諸道俗受菩薩戒，乃有群魚遊躍，首皆南向，似受歸相，范即乘舟入水，為魚授法，魚皆回頭繞船，如有聽受，都無有懼。業慶其所遇，乃以舍利置於佛堂。先有塑菩薩一軀，不可移

〔註154〕安州：古地名，治在今河北定州。

轉，至明乃見回身，面於舍利，狀類天然，一無損處，屢興別瑞，傳言不盡。大業四年，召入鴻臚館，教授蕃僧。九年復召住禪定寺，聯翩荏苒，微壅清曠。後欲返於幽谷，告同學曰：「此段一行。便為不返。」而別未淹旬，已聞殂化，春秋五十有三，達生知命，斯亦至哉，即大業十二年二月十八日也，露骸松下。初業神岸溫審，儀止雍容，敦仁尚德，有古賢才調，篤愛方術，卻粒練形，冰玉雲珠，資神養氣，而卒非其所治，徒載聲芳，潔己清貞，差為傳德矣。

（據《續高僧傳》卷十二《義解》）

隋西京大禪定道場釋童真

　　釋童真，姓李氏，遠祖隴西，寓居河東之蒲阪焉。少厭生死，希心常住，投曇延法師，為其師範。綜掇玄儒，英猷秀舉。受具已後，歸宗律句，晚涉經論，通明大小，尤善《涅槃》，議其詞理，恒處延興，敷化不絕，聽徒千數，各標令望，詳真高譽，繼跡於師。開皇十二年，敕召於大興善對翻梵本。十六年，別詔以為涅槃眾主，披解文義，允愜眾心，而性度方正，善御大眾，不友非類，唯德是欽。仁壽元年，下敕率土之內普建靈塔，前後諸州一百一十一所，皆送舍利，打剎勸課，繕構精妙。真以德王當時下敕令住雍州創置靈塔，遂送舍利於終南山仙遊寺，即古傳云：秦穆公女名弄玉，習仙升雲之所也。

　　初真以十月內從京至寺，路逢雨雪，飛奔滂注，掩漬人物。唯舍利輿上獨不沾潤，同共異之。寺居壑谷，日夕風振，自靈骨初臨，迄於藏瘞，怗然恬靜，燈耀山谷，兼以陰雲四塞，雨雪俱零，冀得清霽見日，有符程限。真乃手執薰爐，興發大願，恰至下期，冬日垂照，時正在午，道俗同慶。及安覆訖，還復雲合，大眾共歎真心冥感之所至也。大業元年，營大禪定，下敕召真為道場主，辭讓累載，不免登之，存撫上下，有聲僧網。又以《涅槃》本務，常事弘獎，言令之設，多附斯文。大業九年，因疾卒於寺住，春秋七十有一。真抱操懷亮，朋附高流，廝下之徒，性非傾徙。寺既初立，宰輔交參，隆重居懷，未始迎送。情概天表，卒難變節。當正臨食，眾將四百，大堂正樑忽然爆裂聲駭震霆，一眾驚散，咸言摧破，徒跣而出者非一，唯真端坐依常，執匙而食，容氣不改，若無所聞。兼以偏悲貧病，撤衣拯濟，躬事扶視，時所共嘉，剛柔兼美焉。

（據《續高僧傳》卷十二《義解》）

隋西京大禪定道場釋靈幹

　　釋靈幹，姓李氏，金城〔註155〕狄道人。祖相封於上黨，遂隨封而遷焉。年始十歲，樂聞法要，遊寺觀看，情欣背俗，親弗違之。年十四，投鄴京大莊嚴寺衍法師為弟子。晝夜遵奉，無忘寸陰，每入講堂，想處天宮無異也。十八覆講《華嚴》、《十地》……

　　開皇七年，因修起居，道業夙聞，遂蒙別敕令住興善，為譯經證義沙門。至十七年，遇疾悶絕，惟心不冷，未敢藏殯。後醒述云：「初見兩人手把文書，戶前而立曰：「官須見師。」俯仰之間，乃與俱往，狀如乘空，足無所涉，到一大園，七寶樹林，端嚴如畫，二人送達，便辭而退。幹獨入園，東西極目，但見林地山池，無非珍寶，焜煌亂目，不得正視，樹下花座，或有人坐，或無坐者，忽聞人喚云：「靈幹汝來此耶。」尋聲就之，乃慧遠法師也。禮訊問曰：「此為何所？」答是：「兜率陀天，吾與僧休同生於此。次吾南座上者，是休法師也，」遠與休形並非本身，頂戴天冠，衣以朱紫，光偉絕世，但語聲似舊，依然可識。又謂幹曰：「汝與我諸弟子後皆生此矣。」因爾覺悟，重增故業，端然觀行，絕交人物。」仁壽三年，舉當寺任，素非情望，因復俯從。其年奉敕送舍利於洛州，便置塔於漢王寺。初建塔所，屢放神光，風起燈滅，而通夕明亮，不須燈照。又感異香從風而至，道俗通見。四月八日下舍利時，寺院之內樹葉皆萎，烏鳥悲叫，及填平滿，還如常日。時漢王諒作鎮晉陽，承幹起塔王之本寺，遠遣中使，賙賜什物。然其善於世數，機捷樞要，辯注難加，嘗為獻后述懺，帝心增感，歔欷連洏，乃賜帛二百段，用旌隆敬。大業三年置大禪定，有敕擢為道場上座，僧徒一盛，匡救有敘。至八年正月二十九日卒於寺房，春秋七十有八，幢蓋道俗，相與奔隨，乃火葬於終南之陰。初幹志奉《華嚴》，常依經本，作蓮華藏世界海觀及彌勒天宮觀。至於疾甚，目精上視，不與人對，久之乃垂顧如常日，沙門童真問疾，因見是相，幹謂真曰：「向見青衣童子二人來召，相逐而去，至兜率天城外，未得入宮，若翹足舉望，則見城中寶樹花蓋，若平立則，無所見也。」旁侍疾者曰：「向舉目者，是其相矣。」真曰：「若即往彼，大遂本願。」幹曰：「天樂非久，終墜輪迴，蓮華藏世界是所圖也。不久氣絕，須臾復還。」真問：「何所見耶？」幹曰：「見大水遍滿，華如車輪。幹坐其上，所願足矣。」尋爾便卒。沙門靈辯，即幹之猶子也。少

〔註155〕金城：古地名，治在今甘肅蘭州。

小鞠育，誨以義方，攜在道位，還通大典，今住勝光寺，眾議業行，擢知綱任，揚導《華嚴》，擅名帝里云。

（據《續高僧傳》卷十二《義解》）

隋滄州蘭若沙門釋道正

釋道正，滄州渤海人。稟質高亮，言志清遠。居無常處，學非師授。樂習禪行，宗蘭若法，無問冬夏，棲息深林……開皇七年，齎來謁帝，意以東夏釋種，多沉名教，歸宗罕附，流滯忘返。普欲舍筌檢理，抱一知宗，守道行禪，通濟神爽，具狀奏聞。左僕射高穎，素承道訓，乃於禪林寺大集名德述上所奏，時座中有僧曰：「帝京無人，豈使海隅傳法。」正聞對曰：「本意伸明邪正，不欲簡定中邊，夫道在通方，固須略於祖述。」眾無以抗也。而其著詞言行，眾又不願遵之。於是僧徒無為而散，正知澆季之難化也。遂以行法並留京輦方禪師處，即返東川，不悉終所。今驪山諸眾，多承厥緒係業傳云。

（據《續高僧傳》卷十六《習禪》）

隋京師真寂寺釋信行

釋信行，姓王氏，魏郡人……開皇之初，被召入京。僕射高穎邀延住真寂寺立院處之。乃撰《對根起行三階集錄》及山東所制眾事諸法，合四十餘卷。援引文據，類敘顯然。前後望風，翕成其聚。又於京師置寺五所，即化度、光明、慈門、慧日、弘善等是也。自爾余寺，贊承其度焉。莫不六時禮旋，乞食為業，虔慕潔誠，如不及也。末病甚，勉力佛堂，日別觀象，氣漸衰弱，請像入房，臥視至卒，春秋五十有四，即十四年正月四日也。其月七日於化度寺，送尸終南山鴟鳴之堆，道俗號泣，聲動京邑。捨身收骨，兩耳通焉。樹塔立碑在於山足，有居士逸民河東裴玄證制文。證本出家，住於化度，信行至止，固又師之，凡所著述，皆委證筆，末從俗服，尚絕驕豪，自結徒侶，更立科網。返道之賓，同所擊贊。生自製碑，具陳己德，死方鐫勒，樹於塔所，即至相寺北岩之前三碑峙列是也。初信行勃興異跡，時成致譏，通論所詳，未須甄別。但奉行克峭，偏薄不倫，至於佛宗，亦萬衢之一術耳。所著集記，並引正文。然其表題立名，無定準的，雖曰：「對根起行幽隱，指體標榜，語事潛淪，來哲倘詳，幸知有據。」開皇末歲，敕斷不行，想同箴勖之也。別

有本傳流世，見費節《三寶錄》。

（據《續高僧傳》卷十六《習禪》）

隋慧日內道場釋慧越

釋慧越，嶺南人……隋煬在蕃，搜選英異。開皇末年，遣舍人王延壽往召追入晉府慧日道場，並隨王至京，在所通化。末還揚州……

（據《續高僧傳》卷十七《習禪》）

智贊

有弟子智贊，幼奉清誨，長悟玄理，《攝論》、《涅槃》是所綜博。今住藍田化感寺。承習禪慧，榮其光緒。比多徵引，終遁林泉。

（據《續高僧傳》卷十七《習禪》之《釋智舜傳》）

隋西京禪定道場釋曇遷

釋曇遷，俗姓王氏，博陵饒陽〔註156〕人……開皇七年秋，下詔曰：「皇帝敬問徐州曇遷法師，承修敘妙，因勤精道教，護持正法，利益無邊，誠釋氏之棟樑，即人倫之龍象也。深願巡歷所在，承風餐德，限以朝務，實懷虛想，當即來儀，以沃勞望。」弟子之內閑解法相能轉梵音者十人，並將入京。當與師崇、建正、法刊定經典。且道法初興，觸途草創，弘獎建立，終藉通人，京邑之間，遠近所湊，宣揚法事，為惠殊廣想，振錫拂衣，勿辭勞也。尋望見師，不復多及。時洛陽慧遠、魏郡慧藏、清河僧休、濟陰寶鎮、汲郡洪遵各奉明詔，同集帝輦。遷乃率其門人，行途所資，皆出天府。與五大德謁帝於大興殿，特蒙禮接，勞以憂言，又敕所司，並於大興善寺安置供給。王公宰輔，冠蓋相望，雖各將門徒十人，而慕義沙門，敕亦延及，遂得萬里尋師，於焉可想。於斯時也，宇內大通，京室學僧，多傳荒遠。眾以攝論初闢，投誠請祈，即為敷弘，受業千數。沙門慧遠，領袖法門，躬處坐端，橫經稟義，自是傳燈不絕，於今多矣。雖則寰寓穿鑿，時有異端，原其解起，莫非祖習。故真諦傳云：「不久有大國不近不遠大根性人，能弘斯論，求今望古，豈非斯人乎。」

十年春，帝幸晉陽，敕遷隨駕。既達並部，又詔令僧御殿行道，至夜追

〔註156〕即今河北饒陽。

遷入內，與御同榻。帝曰：「弟子行幸至此，承大有私度山僧，於求公貫，意願度之如何？」遷曰：「昔周武御圖，殄滅三寶，眾僧等或，劃跡幽岩，或逃竄異境。陛下統臨大運，更闡法門，無不歌詠有歸，來投聖德，比雖屢蒙，招引度脫，而來有先後，致差際會，且自天地覆載，莫匪王民，至尊汲引，萬方寧止，一郭蒙慶。」帝沈慮少時，方乃允焉，因下敕曰：「自十年四月已前，諸有僧尼私度者，並聽出家。」故率土蒙度數十萬人，遷之力矣。尋下敕為第四皇子蜀王秀，於京城置勝光寺，即以王為檀越，敕請遷之徒眾六十餘人住此寺中，受王供養。左僕射高熲、右衛將軍虞慶則、右僕射蘇威、光祿王端等，朝務之暇，執卷承旨，四門博士國子助教劉子平，孔門俊乂，屈膝餐奉。魏郡道士仇岳，洞曉莊老，文皇欽重，入京造展，共談玄理。遷既為帝王挹敬，侯伯邀延，抗行之徒，是非紛起，或謂滯於榮寵者，乃著《亡是非論》，以示諸己，其詞曰：「夫自是非彼，美己惡人，物莫不然，以皆然故，舉世紜紜，無自正者也，斯由未達是非之患，乃致於此。言至患者，有十不可，一是非無主，二自性不定，三彼我俱有，四更互為因，五迭不相及，六隱顯有無，七性自相違，八執者偏著，九是非差別，十無是無非。初明無適主者，此云我是，彼云我是。彼此競取，乃令是非無定從，彼云此非，此云彼非，彼此競興，遂使非無適趣，或者必欲以是自歸，以非屬彼者，此有何理而可然耶！理不然故強為之者，莫不致敗耳，物豈知其然哉，文多不委！」

　　十三年，帝幸岐州。遷時隨彼，乃敕蜀王布圍南山，行春搜之事也。王逐一獸入故窯中，既失蹤跡，但見滿窯，破落佛像。王遂罷獵，具以事聞。遷因奏曰：「比經周代毀道，靈塔聖儀填委溝壑者多，蒙陛下興建，已得修營，至於碎身遺影，尚遍原野，貧道觸目增慟，有心無事。」帝聞惘然曰：「弟子庸朽，垂拱岩廊，乃使尊儀，冒犯霜露，如師所說，朕之咎也。」又下詔曰云云。諸有破故佛像，仰所在官司，精加檢括，運送隨近寺內，率土蒼生，口施一文，委州縣官人，檢校莊飾，故一化嚴麗，遷實有功。

　　十四年，柴燎岱宗。遷又上諸廢山寺，並無貫逃僧，請並安堵，帝又許焉。尋敕率土之內，但有山寺一僧，已上皆聽給額，私度附貫，遷又其功焉。又敕河南王為泰嶽神通道場檀越，即舊朗公寺也。齊主為神寶檀越舊靜默寺也，華陽王為寶山檀越舊靈巖寺也。又委遷簡齊魯名僧來住京輦，其為世重，誠無以加。文帝昔在龍潛，有天竺沙門，以一顆舍利授之，云：「此大覺遺身也，檀越當盛興顯，則來福無疆。」言訖，莫知所之。後龍飛之後，

迫以萬機，未遑興盛。

仁壽元年，追惟昔言，將欲建立，乃出本所舍利，與遷交手數之，雖各專意，而前後不能定數，帝問所由，遷曰：「如來法身，過於數量，今此舍利，即法身遺質，以事量之，誠恐徒設耳。」帝意悟，即請大德三十人安置寶塔為三十道，建軌制度，一準育王。帝以遷為蜀王門師，王鎮梁益，意欲令往蜀塔，檢校為功。宰輔咸以劍道危懸，途徑盤折，高年宿齒，難冒艱阻，更改奏之。乃令詣岐州鳳泉寺起塔，晨夕祥瑞，以沃帝心。將造石函，於寺東北二十里許，忽見文石四段，光潤如玉，大小平正，取為重函，其內自變作，雙樹之形，高三尺餘，異色相宣。或有鳥獸龍象之狀，花葉旋轉之形，以事上聞，帝大悅。二年春，下敕於五十餘州分布起廟，具感祥瑞，如別傳敘之。四年又下敕於三十州造廟，遂使宇內大州一百餘所皆起靈塔，勸物崇善，遷實有功。及獻后雲崩，於京邑西南置禪定寺，架塔七層，駭臨雲際，殿堂高竦，房宇重深，周閭等宮闕，林圃如天苑，舉國崇盛，莫有高者。仍下敕曰：「自稠師滅後，禪門不開。雖戒慧乃弘，而行儀攸闕。今所立寺，既名禪定，望嗣前塵，宜於海內召名德禪師百二十人各二侍者並委遷禪師搜揚，有司具禮。」即以遷為寺主，既恩敕爰降，不免臨之。綏撫法眾，接悟賢明，皆會素心，振聲帝世。時大興善有像放光，道俗同見，以事聞上，敕問遷曰：「宮中尊像，並是靈儀，比來修敬，光何不見？」遷曰：「但有佛像，皆放光明，感機既別，有見不見。」帝曰：「朕有何罪，生不遇耶？」遷曰：「世有三尊，各有光明，其用異也。」帝曰：「何者是耶？」答曰：「佛為世尊，道為天尊，帝為至尊。尊有恆政，不可並治，所以佛道弘教，開示來業，故放神光，除其罪障，陛下光明充於四海，律令法式，禁止罪源，即大光也。」帝大悅，遷美容儀善風韻，故臨機答對如此。又器宇恢雅，含垢藏疾，妙於定門，練精戒品，天性仁慈，寡於貪競。雖帝王贈舍，遠近獻餉，一無自給，並資僧眾，或濟接貧薄，追崇圖塔，又不重厚味，不飾華綺。內有關籥，外屏名利，顯助弘道，冥心幽隱，立志清簡，不雜交遊。時俗頗以疏傲為論，深鑒國士，而體其虛心應物也。凡有言述，理無不當，皆能遣滯，顯旨深矣。故遠公每云：「遷禪師破執入理，此長勝我，斯言合也。而詞旨典正，有文章焉。雖才人沉鬱，含豪未能加也。」夙感風瘻之疾，運盡重增，卒於禪定，春秋六十有六，即大業三年十二月六日也，葬於終南北麓勝光寺之山園。鑿石刻銘，樹於墳所。當停柩之日，有一白犬不知何來，逕至喪所，雖遭遮約，終不肯去。見人哀哭，犬亦號叫，見人止哭，犬亦無聲，與食不噉，

常於喪所右縈而臥，既與樞隨行，犬便前後奔走，似如監護之使。及下葬訖，便失所在。識者以犬為防畜，將非冥衛所加乎。初未終之前，有夢禪定，佛殿東傾，數人扶之還正，惟東北一柱陷地，拔之不出，遷房屬陷角，故有先驗之徵。既卒之後，有沙門專誠祈請，欲知生處，乃夢見淨土嚴麗，故倍常傳，寶樹宮闕，鬱然相峙，道俗徒侶，有數千人。遷獨處金臺，為眾說法。雖夢通虛實，而靈感猶希，況隨請而知，故當降靈非謬矣。所撰《攝論》疏十卷，年別再敷。每舉法輪，諸講停務，皆傾渴奔，注有若不足也。又撰《楞伽》、《起信》、《唯識》、《如實》等疏，《九識》、《四月》等章，《華嚴》、《明難》、《品玄》、《解總》二十餘卷，並行於世。有沙門明則，為之行狀，覼縷終始，見重京師。

（據《續高僧傳》卷十八《習禪》）

隋西京禪定道場釋慧瓚

釋慧瓚，俗姓王氏，滄州人。壯室出家，清貞自遠，承稟玄奧，學慕綱紐。受具已後，偏業毗尼。隨方聽略，不存文句。時在定州居於律席，講至寶戒，法師曰：「此事即目卒難，制斷如何？」瓚聞之私賤其說。時襆中有錢三百，乃擲棄之，由是卒世言不及利。周武誅剪，避地南陳，流聽群師，咸加芟改。開皇弘法，返跡東川，於趙州西封龍山，引攝學徒，安居結業，大小經律，互談文義，宗重行科，以戒為主，心用所指，法依為基，道聞遠流，歸向如市。故其所開悟，以離著為先，身則依附頭陀，行蘭若法，心則思尋念慧，識妄知詮。徒侶相依，數盈二百，繩床道具，齊肅有儀，展轉西遊，路經馬邑，朔代並晉，名行師尋，譽滿二河，道俗傾望。秦王俊，作鎮並部，弘尚釋門，於太原蒙山置開化寺，承斯道行，延請居之。僧眾邑熙，聲榮逸口，至於黑白布薩，要簡行淨之人，知有小愆，便止法事。重過則依方等，輕罪約律治之，必須以教驗緣，片缺則經律俱舍，沙彌信行，重斯正業，從受十戒。瓚不許之，乃歸瓚之弟子明胤禪師，遵崇行法。晚還鄴相，方立部眾。及獻后雲崩，禪定初構，下敕追召入京傳化，自並至雍，千里欽風，道次逢迎，禮謁修敬。帝里上德，又邀住於終南山之龍池寺，日夜請誨，聞所未聞，因而卒於山舍，春秋七十有二，即大業三年九月也。弟子志超，追崇先範，立像晉川，見別傳。

（據《續高僧傳》卷十八《習禪》）

隋西京大禪定道場釋靜端

　　釋靜端，一名慧端，本武威人，後住雍州。年十四，投僧實禪師，受治心法，深所印可。經魏周隋，崇挹佛化，闡弘不絕，以靜操知名。後歸於曇相禪師，習行定業。周滅法時，乃竭力藏舉諸經像等百有餘所，終始護持，冀後法開，用為承緒，及隋開化，並總髮之，經籍廣被，端之力也。重預出家，還宗本習，擁徒結道，綽有餘勳，而謙損儉退，無與時爭，服御三衣，應法杖鉢，一床一食，用卒生報。獲利即散，餘無資畜，名行既著，貴賤是崇。隋漢王諒，重其戒德，數受弘訓。文帝、獻后延進入宮，從受正法，稟其歸護，遂留宮宿。端曰：「出家之人，情標離俗，宮中非宿寢之所。」數引宮禁，常弘戒約，敕以牙像檀龕及諸金貨。前後奉賜令興福力，故今寺宇高廣，皆端之餘緒焉。所以財事增榮，日懸寺宇，一無所受，並歸僧庫。而常掩室下帷，靜退人物。

　　仁壽年中，有敕送舍利於豫州。屢放白光，變為五彩，旋轉瓶側，見者發心，鑿石為銘。文至皇帝，鐫治將訖，乃變為金字，分明外徹，時以為嘉瑞也。屬高祖昇遐，隋儲嗣歷，造大禪定，上福文皇，召海內靜業者居之。以端道悟群心，敕總綱任，辭不獲免，創臨僧首，於時四方義聚，人百其心，法令未揚，或愆靈化。而端躬事軌勉，咸敬而揖之。使夫饕惰之士，悚勵而從，訓勗者殷矣。以大業二年冬十二月二十七日終於禪林本寺，春秋六十有四，瘞於京之東郊故禪林寺廟，猶陳五色，牙席千秋，樹皮袈裟存焉。由物希故，觀者眾矣。

　　　　　　　　　　　　　　　　（據《續高僧傳》卷十八《習禪》）

隋西京慈門道場釋本濟

　　釋本濟，宋氏，西河介休人〔註157〕也。父祖不事王侯，遁世無悶，逼以僚省，掛冠而返，濟年爰童卯，智若成人，齒胄之初，橫經就業，故於六經三史，皆所留心。雖云小道，略通大義，故庠熟倫侶，重席請言，後披析既淹，豁然大悟，乃曰：「斯實宇宙之糟粕也，何累人之清識乎？」乃歸仰釋氏，辭親出家。開皇元年，時登十八，戒定逾淨，正業彌隆，不服新華，除其愛染，躬行忍辱，愍增上慢，博覽經論，成誦在心。講解推則，循環相屬，時共觀風，榮斯袖舉。會信行禪師，創開異部，包括先達啟則後賢。濟聞欽詠，欣然

〔註157〕即今山西介休。

北面承部，寫瓶非喻，合契無差。以信行初達，集錄山東，既無本文，翕為濟述，皆究達玄奧。及行之亡後，集錄方到。濟覽文即講，曾無滯託，雖未見後詞，而前傳冥會，時五眾別部敬之重之。著《十種不敢斟量論》六卷，旨文清靡，頗或傳之。自是專弘異集，響高別眾，以大業十一年九月十二日卒於所住之慈門寺，春秋五十有四。弟子道訓、道樹，式奉尸陀，追建白塔於終南山下，立銘表德。有弟善智，天縱玄機，高步世表，祖師信行，伏膺請業，酌深辯味，妙簡緇銖，入室鄰機，精窮理窟。嘗以四分之一，用資形累，通夏翹足，攝慮觀佛，誠策勤之上達也。信行敬揖，風猷雅相標緻，時眾咸悅，可謂以德伏人者焉。撰《頓教一乘》二十卷，因時制儀，共遵流世，以大業三年卒，弟子等附葬於信行墓之右焉。訓有分略之能，樹豐導引之說，當令敷化，宗首莫與儔之時暫舉筵，道俗雲合，聲策感敬，後恐難尋跡矣。

（據《續高僧傳》卷十八《習禪》）

隋西京延興寺釋通幽

　　釋通幽，姓趙氏，河東蒲阪人。幼齡遺世，早慕玄風，弱冠加年，遂沾僧伍。而貞心苦節，寒暑不輟。尋師訪道，夷險無變。遇周齊凌亂，遠涉江皋，業架金陵，素氣攸遠。及大隋開運，還歸渭陰。味法泰其生平，操行分其容止。至於弘宣示教，則以毗尼唱首；調御心神，仍用三昧遊適。故戒定兩藏，總萃胸襟，學門再敞，遠近斯赴。晚貫籍延興，時當草創，土木瓦石，工匠同舉，而事歸天造，形命未淪。隨所運為，無非損喪。幽戒約內結，仁洽外弘，立四大井，各施漉具，凡有施用，躬自詳觀，馳赴百工，曉夜無厭。皆將送蟲豸，得存性命，故延興一寺，獨免刑殘。自余締構焉，難復敘，而潔己自勵，罕附斯倫，每欲開經，必盥手及腕齊肘，已後猶從常淨，舉經對目，臂不下垂，房宇覆處，未嘗澡漱，涕唾反咽，不棄寺中，便利洗淨，乃終其報。又自生常，不用巾帨，手濕則任其自乾，三衣則重被其體，自外道具，僅支時要，每自嗟曰：「生不功一片之善，死不酬一毫之累，虛負靈神，何期誤也。」遂誡弟子曰：「吾變常之後，幸以殘身，遺諸禽獸，倘蒙少福，冀滅餘殃。」忽以大業元年正月十五日端坐，卒於延興寺房，春秋五十有七。弟子等從其先志，林葬於終南之山至相前峰，火燎餘骸，立塔存矣。

（據《續高僧傳》卷二十一《明律》）

隋蔣州奉誠寺釋道成

釋道成。字明範。俗姓陶氏。丹陽人也……大同之初，棲遊京輦，受業奉誠寺大律都沙門智文，十誦纔經兩遍。年逾未立，別肆開筵，數論《毗曇》，染神便悟，無繁工倍，聞一知十，是以京邑耆老咸稱後生可畏。講《十誦律》、《菩薩戒》、《大品》、《法華》諸經律等一百四十遍，又講《觀音》，一日三遍。著律大本《羯磨諸經疏》三十六卷。至於意樹心花，增暉旦曜，析理質疑，聽者忘倦。學士慧藏、法祥等，並遊方講說，法輪常轉。傳茲後焰，利益弘多，咸蔬素潔，己珠戒居心，神解嚴明，深禪在念。兼六時虔懺，三餘暇日，畋獵文史，欲令知無不為也。然其性用安庠，威儀合度，天人揩揩，罕有其儔，軟語愛言，不常忤物。後現疾旬餘，猶率講演。以開皇十九年五月五日，遷神於興嚴寺。春秋六十有八。大漸之際，惟稱念佛，肢節軟暖，合掌分明。即以其月八日，窆於奉誠寺之南山，墓誌高坐，寺僧慧悠所作。

（據《續高僧傳》卷二十一《明律》）

隋西京大興善寺釋洪遵

釋洪遵，姓時氏，相州人也。八歲出家，從師請業，屢高聲駕。及受具後，專學律部，心生重敬，內自惟曰：「出家基趾，其存戒乎，住持萬載，被於遺教，諒非虛矣。」更辭師友，遊方聽習……

開皇七年，下敕追詣京闕，與五大德同時奉見。特蒙勞引，令住興善，並十弟子四事供養。十一年中，又敕與天竺僧共譯梵文。至十六年，復敕請為講律眾主，於崇敬寺聚徒成業。先是關內素奉僧祇，習俗生常，惡聞異學，午講四分，人聽全稀，還是東川，贊擊成務，遵欲廣流法味，理任權機，乃旦剖《法華》，晚揚法正，來為開經，說為通律，屢停炎澳，漸致附宗，開導四分，一人而已，迄至於今，僧祇絕唱。遵為人形儀儒雅，動據現猷，而神辯如泉，聲相鍾鼓，預升法位，罕有昏漠，開悟之績，實難嗣焉。仁壽二年，敕送舍利於衛州之福聚寺。將出示眾，乃放紅赤二光，晃發遠近，照灼人目，道俗同睹，大生慶悅。仁壽四年，下詔曰：「朕祇受肇命，撫育生民，遵奉聖教，重興象法。而如來大慈，覆護群品，感見舍利，開導含生，朕已分布遠近，皆起靈塔。其間諸州，猶有未遍，今更請大德奉送舍利，各往諸州，依前造塔，所請之僧，必須德行可尊，善解法相，使能宣揚佛教，感窹愚迷，宜集諸寺三綱，詳共推擇，錄以奏聞，當與一切蒼生，同斯福業。」遵乃搜舉名解者，用承上命。登

又下敕，三十餘州一時同送。遵又蒙使，於博州起塔。初至州西，有白鵠數十頭當於輿上，旋繞數匝，久之而逝。及至城東隆聖寺置塔之所，夜有白光數十道，道如車軸，住於基上，邊有鳥巢樹上，及光之洞明，眾鳥驚散。又雨銀花，委地光耀如雪，掘基五尺，獲粟半升，夜降神仙八十四人，持華繞塔，久乃方隱。又婦人李氏患目二十餘年，及來禮拜，兩目齊見。後行道之夕，又放赤光照寺東房，見臥佛及坐佛說法之像，復見梵僧對架讀經，有一十四字，皆是梵書，時人不識。及四月八日當下塔時，感黑蜂無數，銜香繞塔，氣蔚且薰，不同人世。又見白蓮花在塔四角，高數百丈，花葉分布，下垂於空，時間五彩蓮花，廁填其內。又見天人燒香而左轉者。於是總集而觀，歎未曾有，屬目不見者，非無一二。及下覆訖，諸相皆止。遵於京邑，盛開律儀，名駭昔人，而傳敘玄宗，其後蓋闕。又著《大純鈔》五卷，用通律典。尋又下敕令知寺任，弼諧僧眾，亟光徽績。以大業四年五月十九日卒於興善，春秋七十有九。

（據《續高僧傳》卷二十一《明律》）

隋西京大禪定道場釋覺朗

釋覺朗，俗姓未詳，河東人。住大興善寺，明《四分律》及《大涅槃》，而氣骨陵人，形聲動物，遊諸街巷，罕不顧之。仁壽四年，下敕令送舍利於絳州覺成寺，初達治所，出示道俗，湧出金瓶，分為七分，光照徹外，穿基二丈，得粟半升。又感黃雀一頭，飛迫於人，全無怖懼，馴擾佛堂，久便自失。又石函蓋上，見二菩薩踞坐寶座前有一尼斂手曲敬，或見飛仙及三黃雀並及雙樹驎鳳等象。將下三日，常放光明，乃迷晝夜，朗過燈耀。有掩堂滅炬者，而光色逾盛，溢於幽障，玄素通感，榮慶相誼。朗具表聞，廣如別傳。大業之末，有敕令知大禪定道場主，鎮壓豪橫，怗然向風，漸潤道化，頗懷欽重。不久卒於所住。

（據《續高僧傳》卷二十一《明律》）

隋東都寶楊道場釋法安

釋法安，姓彭，安定鶉孤人……及隋二主，皆宿禁中，妃后雜住，精進寡欲，人罕登者。文帝於長安為造香臺寺，後至東都造龍天道場……

（據《續高僧傳》卷二十五《感通》）

隋京師凝觀寺釋法慶

京師西北有廢凝觀寺，有夾紵立釋迦，舉高丈六，儀相超異，屢放光明，隋開皇三年，寺僧法慶所造。撚塑才了，未加漆布，而慶忽終。同日寶昌寺僧大智又終。經三日蘇，說云：「初去飄飄，若乘風雨，可行百里。乃見宮殿人物，華綺非常。又見一人，似若王者，左右儀仗，甚有威雄。頃間見慶來，而面有憂色，又見大象謂殿上人曰：「慶造我未了，何為令死。」其人遽而下殿，拜訖，呼階下人曰：「慶合死未？」答云：「命未盡，而食盡。」彼曰：「可給荷葉，而終其福壽。」言已失像，及慶所在。時即問凝觀寺僧云，慶公死來三日，所造丈六，一夕亦失。達曙方見，時共嗟怪，言詳未訖，人報云慶蘇活。眾咸往問，與大智說同。自爾旦旦解齋，進荷葉六枚，中食八枚，凡欲食時，先以暖水沃令奭濕方食之。周流遠近，率諸士女以成其像，依像懺禮，無爽晨昏。以大業初卒，春秋七十六。近如雍州渭南人單道琮者云：「永徽五年，因患風儀容改異，差後味諸，飲食咸臭，唯噉土飲水。」時俗命為人蟬，今周行告乞，可年四十餘。

（據《續高僧傳》卷二十五《感通》）

隋京師大興善寺釋道密

釋道密，姓周氏，相州人。初投耶舍三藏，師習方藝。又從鄴下博聽大乘，神思既開，理致通衍，至於西梵文言，繼跡前烈，異術勝能，聞諸齊世。隋運興法，翻譯為初。敕召入京住大興善，師資道成，復弘梵語，因循法本，留意傳持。會仁壽塔興，銓衡德望，尋下敕召，送舍利於同州大興國寺，寺即文帝所生之地，其處本基般若尼寺也。帝以後魏大統七年六月十三日生於此寺中。於時赤光照室，流溢外戶，紫氣滿庭，狀如樓闕，色染人衣，內外驚禁。奶母以時炎熱就而扇之，寒甚幾絕，困不能啼。有神尼者名曰智仙，河東蒲阪劉氏女也。少出家，有戒行，和尚失之，恐其墮井，見在佛屋，儼然坐定，時年七歲，遂以禪觀為業。及帝誕日，無因而至，語太祖曰：「兒天佛所祐，勿憂也。」尼遂名帝為那羅延，言如金剛不可壞也。又曰：「此兒來處異倫，俗家穢雜，自為養之。」太祖乃割宅為寺，內通小門，以兒委尼，不敢名問。后皇妣來抱，忽見化而為龍，驚遑墮地，尼曰：「何因妄觸我兒。」遂令晚得天下。及年七歲，告帝曰：「兒當大貴從東國來，佛法當滅，由兒興之。」而尼沉靜寡言，時道成敗吉凶，莫不符驗。初在寺養帝，年十三，方始還家。

積三十餘歲，略不出門。及周滅二教，尼隱皇家，內著法衣，戒行不改。帝後果自山東入為天子，重興佛法，皆如尼言。及登祚後，每顧群臣，追念阿闍梨以為口實。又云：「我興由佛法，而好食麻豆，前身似從道人裏來，由小時在寺，至今樂聞鐘聲。」乃命史官王劭為尼作傳。其龍潛所經四十五州，皆悉同時為大興國寺，因改般若為其一焉。

仁壽元年，帝及後宮，同感舍利，並放光明，砧碪試之宛然無損，遂散於州部，前後建塔百有餘所，隨有塔下皆圖神尼，多有靈相。故其銘云：維年月，菩薩戒佛弟子大隋皇帝堅敬白十方三世一切三寶弟子，蒙三寶福祐，為蒼生君父，思與民庶，共建菩提。今故分布舍利，諸州供養，欲使普修善業，同登妙果。仍為弟子，法界幽顯，三塗八難，懺悔行道，奉請十方常住三寶，願起慈悲，受弟子等請。降赴道場，證明弟子，為諸眾生發露懺悔，文多不載。」密以洽聞之譽，送此寺中。初下塔時，一院之內，光明充塞，黃白相間，兼赤班氣，旋繞朗徹，久而乃滅，道俗內外，咸同一見。寺有四門，門立一碑，殿塔廊廡及以生地，莊嚴綺麗，晃發城邑。仁壽之末，又敕送於鄭州黃鵠山晉安寺，掘基至水，獲金像一軀，高尺許，儀制特異。正下塔時，野鳥群飛旋繞塔上，事了便散。又見金花三枚騰空，久之下沒。基內又放螢光，後遂廣大，繞塔三匝。寺本高顯，素無泉水，泊便下汲，一夕之間，去塔五步，飛泉自湧，有同浪井。廣如王劭所紀，及大業伊始，從治洛陽上林園中置翻經館，因以傳譯，遂卒於彼所，出諸經如費氏錄。

（據《續高僧傳》卷二十六《感通》）

隋京師經藏寺釋智隱

釋智隱，姓李氏，貝州人，即華嚴藏公之弟子也。自少及長，遵弘道義，慧解所傳，受無再請。而神氣俊卓，雅尚清虛，時復談吐，聽者忘倦。開皇七年，敕召大德與藏入京，住大興善，通練《智論》、《阿毘曇心》及《金剛般若論》，明其窟冗。至十六年，以解兼倫例，須有紹隆，下敕補充講論眾主，於經藏寺還揚前部。仁壽創福，敕送舍利於益州之法聚寺，寺即蜀王秀之所造也。道適邛蜀，開化彌昌，傾其金貝，尋即成就。晚又奉送置塔莘州〔註158〕，天雨異花，人得半合，又放紫光，變為五色，盲者來懺，欻獲雙目，捨杖而

〔註158〕莘州：古地名，治在今山東莘縣。

歸，風瞀等病，其例皆爾。及將下痙，天雨銀花，放白色光，前後非一。正入塔時，感五色雲下覆函上，重圓如蓋，大鳥六頭，旋繞雲間，閉訖俱散。隱以事聞，帝大悅，付於著作。卒於京室。

（據《續高僧傳》卷二十六《感通》）

隋中天竺國沙門闍提斯那

闍提斯那，住中天竺摩竭提國……以仁壽二年至仁壽宮。計初地裂，獲碑之時，即此土開皇十四年也。行途九載，方達東夏，正逢天子感得舍利，諸州起塔，天祥下降，地瑞上騰，前後靈感，將有數百，闍國稱慶，佛法再隆。有司以事奏聞，帝以事符大夏，陳跡東華，美其遠度，疑是證聖。引入大寶殿，躬屈四指，顧問群僚：「解朕意不？」僉皆莫委，因問斯那，又解意不，答曰：「檀越意謂貧道為第四果人耶，實非是也。」帝甚異之，乃置於別館，供給華重，膳夫以酒酵和麵擬為𪊪調，候時不起，因以問那，答曰：「此不合食。」便用水溲煮之，與常酵者不異。上問：「今造靈塔遍於諸州，曹陝二州特多祥瑞，誰所致耶？」答曰：「陝州現樹地藏菩薩，曹州光花虛空藏也。」又問：「天花何似？」答曰：「似薄雲母，或飛不委地，雖委地而光明奇勝。」帝密以好雲母及所獻天花各一箱，用示諸人，無有別者。恰以問那：「那識天花而退雲母。」及獻后雲崩，空發樂音，並感異香，具以問由，答曰：「西方淨土名阿彌陀，皇后往生，故致諸天迎彼生也。」帝奇其識鑒，賜綿絹二千餘段，辭而不受，因強之，乃用散諸福地，見感應傳。

（據《續高僧傳》卷二十六《感通》）

隋京師勝光寺釋明誕

釋明誕，姓史，衛州汲〔註159〕人。律儀行務，履顧前賢，通《十地》、《地持》，赴機講解《攝大乘論》，彌見弘演。後入京住勝光寺，溫柔敦厚，姓無迫暴。有敕召送舍利於襄州上鳳林寺基趾，梁代雕飾，隋初顯敞，高林跨谷連院，松竹交映，泉石相喧，邑屋相望，索然開舉，有遊覽者皆忘返焉。文帝龍潛之日，因往禮拜，乞願弘護，及踐寶位，追惟往福，歲常就寺，廣設供養。仍又改為大興國寺，及誕之至彼，安厝塔基。寺之東院鑿地數尺，獲琉璃

〔註159〕即今河南汲縣。

瓶，內有舍利八枚，聚散呈祥，形質不定，或現全碎，顯發神奇，即與今送同處起塔。又下穿掘得石，銘云：「大同三十六年已後，開仁壽之化。」依檢梁歷，有號大同，至今歲紀，彷彿符會。誕欣感嘉瑞，乃表奏聞。寺有金像一軀，舉高丈六，面部圓滿，相儀充備，峙於堂內，眾鳥無敢踐足，庭前樹碑，庾信文蕭雲書，世稱冠絕。誕歷覽徽猷。講授相接。終於本寺。

（據《續高僧傳》卷二十六《感通》）

隋京師大興善寺釋明璨

釋明璨，姓韋，莒州沂水人。十歲出家，二十受具。中途尋閱，備通經史，稟性調柔，初不陳怒，未及三夏，頻揚《成論》及《涅槃經》。值廢教隱倫，避世林澤，還資故業，重研幽極。周宣創開陟岵，慧遠率侶登之，璨時投足歸師諸部，未久深悟，遂演於世，講徒百數，心計明白，開隱析疑，善通問難，精慮勃興，未曾沈息。加又福德所被，聞見欣然，敕召入京，住大興善。仁壽初歲，召送舍利於蔣州〔註160〕之棲霞寺，今之攝山寺也。本基靈異，前傳具詳，而璨情存傳法，所在追訪，乃於江表獲經一百餘卷，並是前錄所遺及諸闕本，隨得福利，處處傳寫。末住大禪定寺，弘法為務，春秋良序，頻往藍田，登山臨水，欣其得性。唐初卒。

（據《續高僧傳》卷二十六《感通》）

隋京師勝光寺釋寶積

釋寶積，姓朱，冀州條人。割略愛網，訪道為任，浮遊靡定，不存住止。齊亡法毀，潛隱太山，回互魯兗，乃經年稔。開皇十四寺，隋高東巡，候駕請謁，一見便悅，下敕入京，住勝光寺。講揚《智論》及《攝大乘》，而體量虛廓，不計仇隙。曾有屏毀達其耳者，解衣遺之曰：「卿見吾過，真吾師友。」仁壽初年，敕送舍利於華嶽思覺寺，寺即左僕射楊素之所立也。初下之晨，雲垂四布，雪滿山邑，天地奄暗，逼目無見。及期當午，忽爾天清日朗，現五色雲於塔基上，去地五丈，圓如輪蓋，遙有見者，望其蓋上，朱光赫奕，團團直上，遠連天際，暨於覆了，雲合光收，還如晨旦。積後卒於京室。

（據《續高僧傳》卷二十六《感通》）

〔註160〕蔣州：古地名，治在今河南潢川。

隋京師仁法寺釋道端

釋道端，潞州人。出家受具，聽覽律藏，至於重輕開制，銓定綱猷，雅為宗匠。晚入京都，住仁法寺，講散毗尼，神用無歇。時程俊舉，後學欽之，加復體尚方言，梵文書語，披葉洞識，了其深趣，勤心護法，匡攝有功。仁壽中年，敕送舍利於本州梵境寺。初入州界，山多無水，忽有神泉湧頂，流者非一，舊痾夙痼，飲無不愈。別有一泉，病飲尋差，若咽酒肉，必重發動，審量持戒，永除休健，端以事聞。後還京寺，常樂弘演，終於本寺。

（據《續高僧傳》卷二十六《感通》）

隋京師勝光寺釋道粲

釋道粲，恒州人。慧學如神，鑽求《攝論》、《華嚴》、《十地》，深疑伏旨，解其由緒，志尚幽靜，不務奢華，重義輕財，自小之大。後入關輦，便住勝光，訪道求賢，棲遑靡託。仁壽起塔，敕召送舍利於許州辯行寺。初至塔寺，堂中佛像素無靈異，忽放大光，通燭院宇，舍利上踴金瓶之表，又放光明，繞瓶旋轉，既屬炎熱，將入塔時，感雲承日，覆訖方滅。又於塔側造池供養，因獲古井，水深且清，輕軟甜美，舉州齊調一從，此井而無竭濁，莫不嗟歎。粲後不測其終。

（據《續高僧傳》卷二十六《感通》）

隋京師大興善寺釋明芬

釋明芬，相州〔註161〕人，齊三藏耶舍之神足也。通解方俗，妙識梵言，傳度幽旨，莫匪喉舌。開皇之譯，下敕追延，令與梵僧對傳法本，而意專撿失，好住空閑，味詠《十地》，言輒引據，問論清巧，通滯罕倫。仁壽下敕令置塔於慈州之石窟寺，寺即齊文宣之所立也。大窟像背，文宣陵藏，中諸雕刻，駭動人鬼。芬引舍利去州三十許里，白雲鬱起，從寺至輿，長引不絕，耿耿橫空，中有天仙，飛騰往返，竟日方滅。明旦將曉，還有白雲長引來迎，雲中天仙，如昨無異，人眾同見，傾目叵論，識者以為石窟之與鼓山連接密爾，竹林仙聖響應之乎。既至山塔，東面有泉，眾生飲皆病癒。芬後卒於興

〔註161〕相州：古地名，治在今河南安陽。

善，所著眾經，如費氏錄。

（據《續高僧傳》卷二十六《感通》）

隋京師大興善寺釋僧蓋

釋僧蓋，恒州人。曾遊太原，專聽涅槃。晚至洛下，還綜前業。蓋聞經陳念慧，攝慮為先，遂廢聽業，專思定學，陶思既久，彌呈心過，遂終斯習。後入京師，周訪禪侶，住大興善，垂帷斂足，不務世談，近局異乘，略不沾口，吐言清遠，鮮不高之。仁壽二年，敕送舍利於滄州。四年，又敕送於浙州之法相寺。初營石函，本惟青色，及磨治了，變為鮮錦，布彩鋪發。又見僧形，但有半身，及曉往觀，僧變為佛，光焰神儀，都皆明著，又現三字，云：人王子也。佛前又現雄雞之象，冠尾圓具，或現仙鳳天人，諸相甚眾。南鄉縣民，多業屠獵，因瑞發心，受戒永斷。後於他日有採柴者，於法相寺南見有朴樹，乃生奇異果，僅有百顆，其色紅赤，如蓮欲開，折取二枚，來用供塔，官庶道俗，千有餘人，同往折取，味如蒲桃。並果表奏，帝驚訝其瑞蓋。後住禪定寺，唐初即世，九十餘矣。

（據《續高僧傳》卷二十六《感通》）

隋京師日嚴寺釋曇瑎

釋曇瑎，江都人。少學成實，兼諸經論，涅槃大品，包蘊心目，雖講道時缺，而以慧解馳名。每往法筵，亟陳論決，徵據文旨，學者憚焉。常讀經盈箱滿，記注幽隱，追問老耄，皆揖其精府，反啟其志。瑎乃為斟酌，通問盤梗。自江左右，歷覽多年，傳譽不爽，實鍾華望。煬帝昔為晉王，造寺京室，諸方搜選，延瑎入住。內史令蕭琮合門昆季，祖尋義學，屈禮歸心，奉以家僧，攜現大小常處第內，晨夕歡娛，講論正理，惟其開悟。仁壽之末，敕送舍利於熙州環谷山山谷寺，古傳云：「昔有齊人郭智辯，數游環山之陽，世俗重之，因以名焉，」此寺即蕭齊高帝之所立也。林崖重映，松竹交參，前帶環川，北背峻嶺，江流縈繞，實為清勝，瑎巡此地，仍構塔焉。初正月內，當擬基處，屢放金光，如一綖許。十餘日中，然後方息，舍利恰到如即置基，先不相謀，若同合契，皆大慶也。又初到治，天本亢陽，人物燋渴，夜降大雨，高下皆足，無不賴幸。又放赤光，流矚如火，行道七夕，又放大光，被諸山也，五千餘人，咸蒙斯瑞。及懺罪營福，不可勝言。晚承故業。迄於隋運，後住弘善，以

疾而終，春秋八十有三，武德初矣。

（據《續高僧傳》卷二十六《感通》）

隋京師隨法寺釋道貴

釋道貴，并州人。《華嚴》為業，詞義性度，寬雅為能，而於經中深意，每發精彩，有譽當時。加以閒居放志，不涉煩擾，市肆俳優，未曾遊目，名利貴賤，故自絕言，精潔守素，清真士也。晚在京師住隨法寺，擁其道德，閒守形心。及建塔之初，下敕流問，令送舍利於德州會通寺。至治之日，放赤光明，如大甕許，久之方滅。有一婦人，躄疾多載，聞舍利至，輿來塔所，苦心發願，乞蒙杖步，依言立愈，疾走而歸。將下塔時，忽有大鳥十二形相，希世不識名目，次第行列旋繞空中，正當塔上，覆訖方逝。貴後鎮業，京輦不測其終。

（據《續高僧傳》卷二十六《感通》）

隋京師玄法寺釋僧順

釋僧順，貝州人。習學涅槃，文疏精覈，志勤策立，堪勝艱苦。常樂弘法於圄圉中，無緣拘縶，假訴良善，文書既效，方便雪他，投身桎梏，情志欣泰。監獄者愍斯厄苦，將欲解免，方取經疏，鋪舒詳讀，旁為囚隸，說法勸化，事本無蹤，還蒙放釋。出獄之日，猶恨太早，有問其故，答曰：「吾聞諸聖，地獄化生，雖不逮彼，且事微轍。」開皇隆法，杖步入關，採訪經術，住玄法寺。及後造塔，敕召送舍利於宋州〔註162〕。初到宋城，市中古井由來醎苦，水色又赤，無敢嘗者。及舍利至，色忽變白，味如甜蜜。至造塔所，初放赤光，又放白光，通照寺內。七日辰時，天雨白花，如雪不落，紛紛滿空。及下塔時，白鶴九頭，飛翔塔上，下函既了，方乃北逝。順後還京，遊尋行業。唐運初興，巡棲山世，年既遲暮，欲事終心，行至霸川，驪山南足，遇見古寺，龕窟崩壞，形象縱橫，即住修理。先有主護，乃具表請，武皇特聽，遂得安復，今之津梁寺是也。僕射蕭瑀為大檀越，福事所資，咸從宋國，僧眾濟濟，有倫理焉。順後卒於住寺，春秋八十餘矣。

（據《續高僧傳》卷二十六《感通》）

〔註162〕宋州：古地名，治在今河南商丘。

隋京師大興善寺釋僧世

釋僧世，青州人。負帙問道，無擇夷險，觀其遊履，略周方嶽，而雄氣所指，鋒刃難當。時《地論》是長，偏愛喉舌，豐詞疊難，名聞齊魯。開皇入京，住興善寺，長遊講會，必存論決。仁壽下敕召送舍利於萊州之弘藏寺。四年又敕送密州茂勝寺。行達青州，停道藏寺，夜放赤光，從房而出，直指東南，爾夜密州城內又見光明從西北來，相如火炬，叢焰非一，繞城內外，朗徹如日，預有目者，無不同睹。後乃勘究，方知先告。既至治所，兩夜放光，如前繞城，朗徹無異。及世舉瓶，欲示大眾，忽然不見。後至寺塔，復放大光，通照寺宇，行道初日，打剎教化，舍利二粒，見於瓶內。及造石函，忽變為金，如棗如豆，間錯函底，餘處並變為青琉璃。因具圖表，帝大悅也。後還京，不久尋卒。

（據《續高僧傳》卷二十六《感通》）

隋京師靜覺寺釋法周

釋法周，不知何許人。狀相長偉，言語高大，《涅槃》、《攝論》，是所留神。稠會勝集，每預登踐，身相孤拔，多或顧問，由是振名者，復繫於德矣。初住曲池之靜覺寺，林竹叢萃，蓮沼槃遊，縱達一方，用為自得，京華時偶，形相義舉，如周者可有十人，同氣相求，數來歡聚，偃仰茂林，賦詠風月，時即號之為曲池十智也。仁壽建塔，下敕送舍利於韓州修寂寺。初造石函，忽有一鴿飛入函內，自然馴狎，經久乃去。寺有磚塔四枚，形狀高偉，各有四塔，鎮以角隅，青瓷作之，上圖本事。舍利到夜，各放光明，如焰上沖，四方眾皆一時同見，數數放光，至於未入空中，如絳長三丈許，諸佛聖僧，眾相非一，皆列其中。周後復往大禪定寺。唐運初基，為僧景暉於仁壽坊置勝業寺，召周經始，敕知寺任，又改坊名，還符寺號。初暉同諸僧侶住在長安，晚又變改常度，形同俗服，棲泊寺宇，不捨戒業，言語隱伏，時符讖記。高祖昔任岐州，登有前識，既承大寶，追憶往言，圖像立廟，爰彰徽號。自周積年處任，不事奢華，房宇趣充，僧事僅足。貞觀之始以疾而終，八十餘矣。

（據《續高僧傳》卷二十六《感通》）

隋京師大興善寺釋智光

釋智光，江州人，尼論師之學士也。少聽《攝論》，大成其器，言論清華，

聲勢明穆,志度輕健,鮮忤言諍,謙牧推下,為時所重。開皇十年,敕召尼公,相從入京,住大興善寺。仁壽創塔,召送循州〔註163〕,途經許部,行出城南,人眾同送舍利於輿,忽放光明,高出丈餘。傾眾榮慶北至番州,寄停寺內,其夜銅鐘洪洪自鳴,連霄至旦,驚駭人畜,及至食時,其聲乃止。既達循州道場塔寺,當下舍利,天降甘露,塔邊樹上,色類凝蘇,光白曜日。光還京室,以法自娛,頻開《攝論》,有名秦壤。晚厭談說,歸靜林泉,尋還廬阜,屏絕人事,安禪自節,卒於山舍。

(據《續高僧傳》卷二十六《感通》)

隋京師沙門釋圓超

釋圓超,觀州阜城〔註164〕人。《十地》、《涅槃》,是其經略,言行所表,必詢猷焉。晚住京寺,策名臺省。仁壽末歲,下敕造塔於廉州〔註165〕化城寺。初達州西四十餘里,道俗導引,競列長幡,南風勁利,樹林北靡,惟有幡腳,南北相分,雖為風吹,都不移亂。及初行道,設二佛盤,忽有蜻蛉二枚,各在盤上,相當而住,形極粗大,長五寸許,色麗青綠,大如人指,七日相續,如前停住,行道既散,欻然飛去,比後下塔,還復飛來,填埋都了,絕而不見。當下正中,塔基上空,五色慶雲狀如傘蓋,方直齊正,如人所為。雲下見一白鵠,翔飛旋轉,事了俱散。超還京室,不測其終。

(據《續高僧傳》卷二十六《感通》)

隋京師光明寺釋慧藏

釋慧藏,冀州人。初學《涅槃》,後專講解,禁守貪競,絕跡譏嫌,安詳詞令,不形顏色,入京訪道,住光明寺。仁壽中年,敕召置塔於歡州〔註166〕。初至塔寺,行道設齋,當其塔上,景雲出見,彩含五色,有若花蓋,綺繡錦續,無以加焉。從午至酉,方始隱滅。

(據《續高僧傳》卷二十六《感通》)

〔註163〕循州:古地名,治在今廣州梅縣。
〔註164〕即今河北阜城。
〔註165〕廉州:古地名,治在今河北槁城。
〔註166〕歡州:古地名,治在今越南境內。

隋京師大興善寺釋寶憲

釋寶憲，鄭州人，寶鎮律師之學士也。童稚依止，即奉科條，審量觀能，具承大法，受具之日，但奉文言，至於行模，並先具委，有師資焉，有弘業焉。開皇之始，與鎮同來，住大興善。威儀調順，言無涉俗。仁壽奉敕，置塔洪州，即豫章之故地。初向彼州，路由江阻，既失正溜，泥濘不通，人力殆盡，無前進理，程期又逼，道俗遑懼。憲乃憑心舍利，請垂通涉，忽降白鳥，船前緩飛，乍來乍去，如有引導，即遣隨逐，遂逢水脈，通夕泛舟，安達無障。憲還京室，尋事卒也。

（據《續高僧傳》卷二十六《感通》）

隋京師勝光寺釋法朗

釋法朗，蒲州人。學涉三藏，偏鏡毗尼，開割篇聚，不阻名問，加復器用平直，無受輕陵，決斷剛正，未私強禦。後住勝光，披究律典，經其房戶，莫不懍然。仁壽二年，敕召送舍利於陝州大興國寺，寺即皇考武元本生處也，故置寺建塔，仰謝昔緣。初達州境，大通、善法、演業三寺夜各放光，不知何來，而通照寺內，朗徹無障。善法寺中見三花樹，形色分明。四月二日靈勝寺中夜忽放光，五色彩雲，合成一蓋，通變為紫。比靈輿入城，雲蓋方散。又有五色彩雲，從乾巽二處纏糺而來，至於塔上，相合而住。及掘塔基下深五尺，獲一異鳥，狀如鸜鵒，色甚青黃，巡行基趾，人捉無畏，唯食黃花，三日而死。又青石為函，忽生光影，表裏洞徹，現諸靈異，東西兩面，俱現雙樹，樹下悉有水文生焉。函內西面現二菩薩，南邊金色，北邊銀色，相對而立。又二菩薩坐花臺上，各長一尺，並放紅紫光明。函內南面現神尼像，合掌向西。函唇西面，又見臥佛，右脅而偃，首北面西。函外東面雙樹間，現前死鳥傾臥，須臾起立，鳥上有三金花，其鳥西南而行，至臥佛下，住立不動。凡此光相從已至未，形狀儼然，命人圖寫，上紙素訖，方漸歇滅。及將下日，忽然雲起，如煙如霧，團圓翳日，又如車輪，雲色條別，又如車輻輪輻，雲色皆如紅紫，人皆仰視其相，歎怪希遇。藏瘞既了，天還明淨，失雲所在，當斯時也，寺院牆外，咸見幡蓋圍繞，謂言他處，助來供養，事了追問，一無蹤緒。朗慶斯神瑞，登即奏聞。晚還京師，以疾而卒。

（據《續高僧傳》卷二十六《感通》）

隋京師大興善寺釋曇觀

釋曇觀，莒州人。七歲出家，慕欣法字。及進具後，尋討義門，偏宗成實，袪析玄滯。後以慧解亂神本也，乃返駕澄源，攝慮巖壑，十六特勝，彌所留心，神咒廣被，鎖殄邪障，高問周遠，及於天闕。開皇之始，下敕徵召，延入京室，住大興善。供事隆厚，日問起居，屢上紫庭，坐以華褥。帝親供侍，欽德受法。觀寬厚敦裕，言無浮侈，深得法忍，苦樂虛心，故使名利日增，而素氣常在，所獲信施，併入僧中，房宇索然，衣缽而已。時俗流湎之夫，雅尚之也。仁壽中歲，奉敕送舍利於本州定林寺。初停公館，即放大光，掘基八尺，獲銅浮圖一枚，平頂圓基，兩戶相對，制同神造，雕鏤駭人，乃用盛舍利，安瓶置內，恰得兼容。州民禽巨海者，患啞六年，聞舍利至，自書請瑞，見本一粒，分為三分，色如黃金，乍沈乍舉，又見三佛，從空而降，即能陳述，詞句如流。觀還京都，不委終事。

（據《續高僧傳》卷二十六《感通》）

隋京師延興寺釋靈遠

釋靈遠，恒州人。先在儒門，備參經史，唯見更相圖略。時有懷仁抱義，然復終淪，諸有未免無常，乃釋發道流，希崇正軌。從遠公學義，咸知大意，因即依隨，三業無舍。及達之入京輦，慕義相從。晚住延興，退隱自守，端斂身心，終月禪默，衣食粗弊，不希華美。仁壽中，敕召送舍利於本州龍藏寺。初定基趾，聞有異香，漸漸芬烈，隨風而至，遍於寺內。有民金玄瓚者，住在寺側，先患鼻塞，二十餘年，莫知香臭，當於此日，忽聞香氣，驚尋至寺，因爾齅差。又雨天花，從空而下，光彩鮮淨，晃若金銀，先降塔所，後及寺院，道俗競接，輕薄如鏤。下舍利訖，有雙白鶴，旋於塔上，良久翔逝。達後連尋定業，追訪山世，不顧名實，頭陀林冢，雖逢神鬼，都不怖憚。大業之始，終於墓叢。初不委之村人，怪不乞食，就看已卒，加趺如在，因合床殯於杜城窟中。

（據《續高僧傳》卷二十六《感通》）

隋京師大興善寺釋僧昕

釋僧昕，潞州上黨人。自鶩道法津，周聽大小，逮諸禪律，莫大登臨，傾渴身心，無席不赴，而導戒愚智，眾通誼靜。昕一其正度，恭慎橫經，聆其披

析，曾不忽忘。初眾見其低目，寡言絕杜，論道皆號為矇叟也。後有智者問其文理，咸陳深奧，輕浮章句，略不預懷，有問其故，答曰：「勿輕未學，妙德常藏，惟夫大覺，方能靜照，盛德明約，可無細瑕，愚師軌物，時有通悟。惟自兩明殷鑒方，取會不得，以法累人，致乖祇奉。」暨周滅二教，逃隱泰山。大隋開法，還歸聽習，遊步洛下，從學遠公，《十地》、《涅槃》，咸究宗領。後入關，住興善寺，體度高爽，不屈非濫，時復談講，辯詞迅舉，抑揚有度，至於僧務營造，情重勤切，躬事率先，擔捷運涉。仁壽中歲，置塔毛州護法寺，下敕令送舍利初至公館。有沙門曇義者，高行名僧，聞諸舍利皆放光明，我等罪業一無所現，即解衣為懺，燒指為燈，竟夕供養，明旦出光，通屬人物。又出金瓶迴旋行道，青、赤、白光三色流照，經於信宿，其光乃隱。四月七日初夜放光，赫赤欻然，滿佛堂內，須臾出戶，流照四簷。將入函時，又放赤光，烈盛逾日，通夜又放照於函內。四月十日，天花如雪，從空亂下，五色相間，人皆收得。又感異香微風，普遍薰塞寺內，其函忽變為青琉璃，內外通徹，人以白綾周匝數重，漫覆其函，又加磚累灰泥其上，尋照其泥，還如函色。又灰泥上畫作十花，飾以金薄，及成就後唯一金色，余花皆辨。未下塔前，有張世謙，清信士也，常持八戒，遠離妻孥，靜室誦經，乃聞輿所，梵讚之聲，出戶看之，見有群僧各執香花，繞旋供養，迫之遂失。又見天人持諸幡蓋，及以香花東南飛來，當於塔上，變成大雲，旋空良久。又見百餘沙門在塔基上，執帚輦土，以陪增者，比及明晨，寂無所見。時經夏暑，土地乾燥，人皆思雨，應念即降，三四寸許，川野除煩，沙丘縣民，路如意者，迴心信佛，望見光相，路雖遠映，舉目徹見寺僧五人在佛堂內，又聞塔邊音樂讚歎，聲極亮遠，重雨天花，滿四十里，塔基倍多。昕慶斯眾瑞，即具表聞。晚還資業，不測其卒。

（據《續高僧傳》卷二十六《感通》）

隋京師空觀寺釋玄鏡

釋玄鏡，趙州人。立志清貞，不幹流俗，四分一律，文義精通，不樂闡揚，恒尋異部，激發違順，品章廢立，有神彩焉。住空觀寺，閒散優游，無為僧也。仁壽二年，奉敕置塔本州無際寺。建基趾日，尋放赤光，變轉不常。或如形象，乍似樓闕。又出白光，時吐大小，巡繞瓶側。四月四日，又放光明，紫綠相間，三度乃止。又於光內見佛像，形長二尺餘，坐蓮花座，並有菩薩俠

侍嚴儀，從卯至酉，方始歇滅。當此之時，有目皆睹。鏡還空觀，復學禪宗，居止東院，合集同侶，多行頭陀。遂終其寺也。

（據《續高僧傳》卷二十六《感通》）

隋京師弘濟寺釋智揆

釋智揆，冀州人。愛慕涅槃，淨持戒行，不重榮渥，知足無求。住弘濟寺，閉門肄業，僧眾服其智德，敬而宗之。每處勝筵，推其名實，而揆弗之顧也。退屏自修，若無聞見。仁壽之歲，弘塔四方，有敕召揆，送舍利於魏州開覺寺。初屆治所，遂放大光，紫白相宣，五色遝發。有尼智曠，冷痊積年，因禮發願，乃見赤光遍室，便吐惡物，其患即除。有患重者，聞斯嘉慶，伏枕發願，亦蒙光照，平復如本。方來塔所，其例眾夥，不復具書。又楊大眼者，先患兩目，冥無所見，牽來至輿，乞願求恩，即見舍利如本明淨，斯例復眾。四月八日，下塔既訖，西北雲來，雨花塔上，紛霏如雪，色似黃金，寺院皆遍，道俗收取，狀如金花，感一黑狗莫知由來，直入道場，周旋行道，每日午後，與餅不食，與水便飲，至解齋時，與粥方食，寺內群犬，非常嘷惡，一見此狗，低頭畏敬，不敢斜視。塔所樹碑厚三尺半，忽發光彩，狀如琉璃，映物對視，分明悉見。又見象六並現石碑內。至五月末，來於其碑中，七變相狀，或為佛像聖僧雙樹，眾瑞非一。並以事聞。揆晚徙跡終南，居閒禪寂，登陟岩藪，往而不返。

（據《續高僧傳》卷二十六《感通》）

隋京師勝光寺釋僧范

釋僧范，冀州人。學大小乘，靜務心業，追師禪念，傾屈盡禮，所獲定要，倍於同侶。住勝光寺，以慧解見推。及帝建塔，下敕徵召，送舍利於本州覺觀寺。每至日沒，常放光明，黃赤交焰，變化非一。沙門僧辯，患耳四年，聞聲如壁，一睹舍利，兩耳洞開，有逾恒日。州民蘇法會，左足攣跛，十有餘年，委杖自扶，來禮乞願，尋得除差，放杖而歸。范目睹靈驗，神道若斯，信知經教，非徒虛誕，但由誠節未著，故致有差。後歸本寺，還遵前轍。未詳其卒。

（據《續高僧傳》卷二十六《感通》）

隋京師淨影寺釋寶安

釋寶安，兗州人。安貧習學，見者敬之。初依慧遠聽涉《涅槃》，博究宗領。周滅齊亡，南投陳國。大隋一統，還歸鄉壤，行次瀍洛，又從遠焉，因仍故業，彌見深隱。開皇七年，慕義入關，住淨影寺。當遠盛日，法輪之下，聽眾將千，講會制約，一付安掌。於時遠方輻湊，名望者多，難用緝諧，故在斯任。安隨機喻接，匡救有儀，雖具徵治，而無銜怨，各懷敬歡，登白稱焉。講《十地》、《涅槃》，純熟時匠，性存攝默，不好揚演，有問酬對，辯寫泉流。仁壽二年，奉敕置塔於營州〔註167〕梵幢寺，即黃龍城也。舊有十七級浮圖，擬在其內，安置舍利。當夜半上，並放白光，狀如雲霧，初惟一丈，漸大滿院，明徹朗然，良久乃滅，前後三度，相類並同。舊有石龜，形狀極大，欲作函用，引致極難，匠石規模，斫截成函，三分去二，安自思念，石大函小，何由卒成，懼日愆期，內懷憂灼，比曉看之，其石稱函，自然分析，不勞鐫琢，宛爾成就，函雖神造，計應大重，薄用拖曳，輕迅若馳，不勞至寺，便依期限，深慶情願。晚還京寺，不測其終。

（據《續高僧傳》卷二十六《感通》）

隋京師仁覺寺釋寶巖

釋寶巖，幽州人。標意《十地》，次綜《毗曇》，未究成實，故於宗部，涉獵繁焉。戶牖玄文，疏條本幹，時傳富博，而性殊省事，不樂談說，苦祈敷散，精理載揚。住京下仁覺寺，守道自娛，無事交厚。仁壽下敕召送舍利於本州弘業寺，即元魏孝文之所造也，舊號光林。依峰帶澗，面勢高敞，多挾徵異，事遵清肅，故使行僻之，徒必致驚悚，由斯此眾，濫跡希過。自開皇將末，舍利到前，山恒傾搖，未曾休止，及安塔竟，山動自息。又仁壽初歲，天降剃刀三十三枚，用甚銛利，而形制殊別，今僧常用以剃剪也。又初造石函，明如水鏡，文同馬瑙，光似琉璃，內外照徹，紫焰光起。函外生文，如菩薩像，及以眾仙禽狩師子林樹，雜相非一。四月三日，夜放大光，明照天地，有目皆見。巖事了還，不測其卒。

（據《續高僧傳》卷二十六《感通》）

〔註167〕營州：古地名，治在今遼寧遼陽。

隋京師無漏寺釋明馭

釋明馭，瀛州人。初學《涅槃》，後習《攝論》，推尋理源，究括疑滯。晚遊鄴下，諮訪未聞，隱義重玄，皆所披覽。開皇八年，來儀帝里，更就遷師，詢求《攝論》，意量弘廣，容姿都雅，人有勃怒，初不改容，眾服其忍力也。住無漏寺，講誦為業。仁壽中年，敕請送舍利於濟州崇梵寺。寺基帶危峰，多饒異樹，山泉盤屈，修竹蒙天，實佳地也。剋日將下，寺有育王瑞像，乃放三道神光，遍於體上，金石榴色，朗晃奪精，經一食頃，乃遂漸歇。又聞磬聲搖曳長遠，寺東岩上，唱善哉聲，清暢徹心，追尋莫委。又舍利函上光高三尺，狀如花樹，本送舍利分為二粒，出琉璃瓶，相隨而轉，並放光明。有黃白雲從西南來，聲如雨相，流音樂聲，正當塔上，凝住不動，復見二花，從雲中出，或時上下，大鳥群飛，迴旋塔上。又於雲中現仙人頭，其數無量，於此之時，莘州城人，見諸仙人從空東來向於魏州，馭當斯運，欣慶嘉瑞，說不可盡，民百捨物，積之如山，並用構塔，沙門五人，生逢奇瑞，捨戒為奴，供養三寶，因勒銘紀，廣如別傳。獻后昇遐，造禪定寺，召而處之，遂終世矣。

(據《續高僧傳》卷二十六《感通》)

隋京師大興善寺釋道生

釋道生，蒲州人，延統是其師也。名父之子，係跡厥師，雖雅尚未齊，而思力方遠，仁正致懷，聲色無染，受持戒護，耽詠文言，四分一律，薄沾聲教，講誨時揚，器法難擬。住興善寺，卓卓標異，目不斜眄，威儀安帖，眾敬憚之。仁壽二年，敕召送舍利於楚州。初停公館，感一野鹿直入城門，防人牽來，詣舍利所，自然屈拜，馴善安隱。生曰：「爾為舍利，可上升階，必若他緣，隨意而去。」鹿聞此語，遂即升階，出入帳前，往還無難，乃為說歸戒，鹿乃頓頭香案，如有聽受，因以繒帛繫之，即舐人手，夜臥輿邊，或往生房，經停兩宿，自然退出，還歸荒野。及當下日，白鶴兩雙，飛旋塔上，覆訖方逝，生睹斯瑞，與諸僚屬具表以聞，並銘斯事，在於塔所。既還京室，不測所終。

(據《續高僧傳》卷二十六《感通》)

隋京師勝光寺釋法性

釋法性，兗州人。少習禪學，精屬行道，少欲頭陀，孤遊海曲。時復入

俗，形骸所資，終潛林皋，沉隱為任。開皇十四年，文帝東巡，搜訪巖穴，因召入京，住勝光寺。仁壽之年，敕召送舍利於本州普樂寺。初營外函得一青石，錯磨始了，將欲鋟飾，變成馬瑙，五色相雜，文采分明，函內斑剝，雜生白玉，凝潤光淨，函之內外，光如水鏡，洞照無障。當入函時，正當基上，白鳥一雙，翱翔緩飛，繞塔而轉，塔西奈樹枝葉，並變為真金色。及文帝既崩，置大禪定延住供養，遂卒於寺，八十餘矣。

（據《續高僧傳》卷二十六《感通》）

隋京師沙門釋辯寂

釋辯寂，徐州人。少以慧學播名，汎浪人世，遊講為業。末在齊都，專攻《大論》及《阿毗曇心》，未越週年，粗得通解。會武平末歲，國破道亡，南適江陰，復師三論，神氣所屬，鏡其新理。開皇更始，復返舊鄉，桑梓仍存，友朋殂落，西入京室，復尋昔論龍樹之風，復由光遠。仁壽置塔，敕召送於本州流溝寺。及初達也，舍利塔所，忽見異光，照寺北嶺及以南山，朗同朝日，又於石佛山內採石為函，磨飾才了，彩文間發，彪炳光現，山海、禽狩、仙人等像備出其中，雖復圖取，十不呈一。晚綜前業，演散京華，福利所兼，俱充寺府，不測其終。

（據《續高僧傳》卷二十六《感通》）

隋京師大興善寺釋靜凝

釋靜凝，汴州人，遷禪師之門人也。早年聽受，深閑邪正，經律《十地》，是所詢求，後師《攝論》，備嘗幽顯，常樂止觀，掩關思擇，緣來便講，唱吼如雷，事竟退靜，狀如愚叟，世間之務，略不在言，人不委者，謂為庸劣，同住久處，方知有道，兼以行不涉疑，口無慶弔，塊然卓坐，似不能言。開皇六年，隨遷入雍住興善寺。仁壽二年，下敕送舍利於杞州〔註168〕。初至頻放白光，狀如皎月，流轉通照，及下塔日，白鳥空中，旋繞基上，瘱訖遠逝，更有餘相，凝為藏隱，示出一二，知大聖之通瑞也，餘則隱之不書。及至京師，又被責及，方便解免，不久而終。

（據《續高僧傳》卷二十六《感通》）

〔註168〕杞州：即滑州，治在今河南滑縣。

隋京師揚化寺釋法楷

　　釋法楷，曹州人。十五出家，依相京賢統而為弟子，師習《涅槃》，通解文義。及受具後，專攻《四分》，雲暉兩匠，振紐齊都，備經寒暑，伏面諮稟，皆賜其深奧，無所子遺。及齊法俱亡，南避淮表壽山之陽，隨開律教。開皇首歲，大辟法門，還返曹州，欲終山水，將趣海岸，而道俗邀留，不許東騖，楷性虛靜，更於城北三里左丘山營造一寺，名曰法元，高顯平博，下臨城邑，遙望發心，皆來受法，未為安而能遷，古人所尚，久在塵厭，不無流轉。便入關壤，觀化京都，住揚化寺，復揚戒律。仁壽置塔，奉敕送舍利於曹州。楷以初基有由，欲報斯地，表請樹塔，還置法元，上帝不違，任從所請。初達曹部，置輿州內，廣現神瑞，備如別紀。但學未經遠，難得遍知，故略編之，想未繁撓，日別異見，俱如後述。於三月十四日中時，見佛半身，面白如玉，舍利輿前，佛頂之上，黃赤光起。二十九日夜降甘露，味甜逾蜜，現於赤光遍於城上，須臾流照，達於塔所。四月五日，舍利上踴，白色鮮明。其日申時，帳上北面，忽見光影，中有白雲氣，中生樹狀如青桐，下有青色師子，面西而蹲。六日卯時，復有光影，見雲氣內，有三蓮花，兩廂雙樹，下有佛像，樓閣樹林，杳重而出，上有立菩薩像，辰時又見金色光明，出沒漸大。已時復見重閣，閣上有樹葉，如貝多，旁立聖僧。午時復現雙樹之形，下列七佛。申時雙樹又見一佛二菩薩像，三花承足，又見天人擎花在空，黃師子等。亥時帳後見千佛形，舍利室內出黃白光。四月七日，又見雙樹黃雀一頭及以光雲師子等像，辰時又見金翅鳥身飛龍樹林寶蓋等像，傍現二菩薩及黃師子。已時又見寶幢樹林下有菩薩黃衣居士，白色師子蹲踞石上，又有雲氣樹林樓閣菩薩。午時又見白色雲氣寶幢樹林青色師子，申時又現雙樹繁茂須臾變為宮殿樓閣，佛坐花臺，其色黃白。亥時雲起，西北雨潤三寸，雲上六天，一時見身。四月八日將欲下塔，平旦之時，天雨白花，飛颺不下。卯時又見諸天寶蓋樹側菩薩及黃師子。辰時又見大蓋兩重眾寶莊嚴，下坐菩薩及白師子踞在石上，帳上又見光影雲氣，氣中金光，乍大乍小，下有蓮花，時開時合，又雨天花，大者在空，面闊尺餘，小者墮地，狀如桃花。已時帳後見三諸天、三師子及蓮花水池。午時將下，又見雙樹並立菩薩，舍利忽分以為五粒，流轉光曜。四月九日，填平已後，帳後板上，光影之內，疊石文生，又見大樹，青衣沙門，執爐而立，又感奇香，郁烈人鼻。楷具列聞，帝大悅，令圖繢之，以流海內。自仁壽創塔，前後百餘，感徵最優，勿

高於楷。後以常業，終於本寺。

（據《續高僧傳》卷二十六《感通》）

隋京師轉輪寺釋智慧

釋智慧，李氏，懷州河內人。布意遠塵，束懷律教，收聽令譽，風被河右。開皇之始，觀道渭陰，隨奉資行，住轉輪寺。仁壽置塔，奉敕召送於青州勝福寺中。處約懸峰，山參天際，風樹交結，迴瞰千里，古名岩勢之道場也，元魏末時創開此額。初置基日，疏山鑿地，入土三尺，獲古石函，長可八尺，深六尺許，表裏平滑，殆非人運，所謂至感冥通，有祈斯應矣。及下舍利，大放光明，挺溢山宇，道俗俱見，乃至出沒流轉，變狀匹論。能晚還寺，更崇定業，林泉樓託，不預僧倫，逃名永逝，莫測其終。

（據《續高僧傳》卷二十六《感通》）

隋京師真寂寺釋曇良

釋曇良，姓栗，潞州人。十六出家，專尋經典。及長成德，以大論傳名，兼講小經，接敘時俗，亟發歸信，為眾賢之賞。入京遊聽，住真寂寺。文帝下敕召送舍利於亳州開寂寺。將欲起塔，先造石函，地非山鄉，周訪難得，良曰：「待覓得石，期至匹成，但發勝心，何緣不濟。」乃要心祈請，願賜哀給。忽於州境獲石三枚，底廂及蓋，各是異縣，運來合之，宛是一物，眾嘉異之。具聞臺省，良性樂異跡，周覽觀之。亳州西部谷陽城中有老君宅，今為祠廟，庭前有柏三十餘株，碑文薛道衡制，廟東百餘步老君母宅，亦有廟舍，次西十里有苦城，即傳所云李聘苦縣人，斯處是也。還歸本寺，專誠懺禮，食息已外，常在佛前。唐初卒也，八十餘矣。

（據《續高僧傳》卷二十六《感通》）

隋京師靜法寺釋智嶷

釋智嶷，姓康，本康居王胤也，國難東歸魏，封於襄陽，因累居之，十餘世矣。七歲初學，尋文究竟，無師自悟，敬重佛宗，雖晝權俗緣，令依學侶，而夜私誦《法華》，竟文純熟，二親初不知也。十三拜辭，即蒙剃落，更諳大部，情因彌著。二十有四，方受具足，攜峽洛濱，依承慧遠，傳業《十地》及

以《涅槃》，皆可敷導。後入關中，住靜法寺。仁壽置塔，敕召送於瓜州崇教寺。初達定基，黃龍出現於州側大池，牙角身尾，合境通矚，具表上聞。嶷住寺多年，常思定慧，非大要事，不出戶庭，故往參候，罕睹其面。末以年事高邁，勵業彌崇，寺任眾務，並悉推謝。唐初卒也，七十餘矣。

（據《續高僧傳》卷二十六《感通》）

隋京師沙門釋道嶷

釋道嶷，姓劉，瀛州河間人。十三出家，遊聽洛下，訪訊明哲，終日遷邅，衣服粗單，全不涉意。值慧遠法師講諸經論，陶染積時，遂寢幽極，隨入京室，為慕義學士同侶推崇道心人也。仁壽置塔，敕召送於蘇州。舍利將至，井吼出聲，二日乃止。造基掘地，得古磚函，內有銀合，獲舍利一粒，置水瓶內，旋繞呈祥，同藏大塔。嶷還京室，住總化寺，餐味涅槃，依行懺悔，身戒心慧，悉戴奉之，一缽三衣，盈長不畜，遵經聖行，息世譏嫌。遂卒於世。

（據《續高僧傳》卷二十六《感通》）

隋京師淨影寺釋道顏

釋道顏，姓李氏，定州人。初學遠公《涅槃》、《十地》，領牒樞紐，最所殷贍，仍頻講授，門學聯塵，道啟東川，開悟不少。後入京輦，還住淨影寺，當遠盛世居宗紹業。仁壽中年，置塔赤縣，下敕徵召送舍利於桂州。初入州境，有鳥數千齊飛，行列來迎輿上，從野入城，良久方散。及下安處，感五色雲靉靆垂布，屯聚基上，余便廓清，日曜天地。後返京邑，常尊上業。唐運惟新，宇內尚梗，崇樹齋講，相循淨影。因疾而卒，春秋七十餘，即武德五年矣。臨終清漱，手執香爐，若有所見，奄然而逝，自顏之處世也。衣服粗素，不妄朋從，行必以時，情避嫌郤，言必詳審，深惟物忤，又兼濟禽畜，慈育在心，微經惱頓，便即垂泣，不忽童稚，不行楚叱，縱有輕陵，事同風拂，顧諸屬曰：「不久去也，何煩累人。」故於無常，得其旨矣。

（據《續高僧傳》卷二十六《感通》）

隋京師淨影寺釋淨辯

釋淨辯，姓韋，齊州人。少涉儒門，備聞丘索，孔、墨、莊、老，是所詢謀，

忽厭浮假，屏跡出家，經律具嘗，薄通幽極，復纏名教，避世山林，受習禪門，息緣靜慮。開皇隆法，入住京師，依止遠公，住淨影寺，更學定境。又從遷尚受攝大乘，積歲研求，遂終此業。曾與故友，因事相乖，彼加言謗，辯終不雪。及委由問答曰：「吾思其初結交也，情欣若弦，豈以後離，復陳其失。」時以此高之。後敕召送舍利於衡州嶽寺，本號大明，即陳宣帝為思禪師之所立也。行達江陵，風浪重阻，三日停浦，波猶未靜，又迫嚴程，憂遑無計，乃一心念佛，衡波直去，即蒙風止，安流沿下，既入湘水，沂流極難，又依前念，舉帆利涉，不盈半月，便達衡州。及至嶽寺，附水不堪，巡行山亭，平正可構，正當寺南而有伏石，辯乃執爐發願，必堪起塔，願降祥感，便見嶽頂，白雲從上而下，廣可一匹，長四十里，至所迁基，三轉旋回，久久自歇。又感異香，形如削沈，收穫數斤，氣煙倍世，道俗稱慶，因即構成。初此山僧顗禪師者，通鑒僧也，曾有一粒舍利，欲建大塔，在寺十年，都無異相，及今送至，乃揚瑞跡，黃白大小，聚散不定，當下之日，衡山縣治顯明寺塔，放大光明，遍照城邑，道俗同見。古老傳云：「此寺立來三百餘年，但有善事，必放光明，經今三度，將非帝王弘福，思與眾同，感見之來，誠有由矣。」辯欣斯瑞跡，合集前後，見聞之事，為感應傳一部十卷。後興禪定，復請住之。大業末年，終於此世。

（據《續高僧傳》卷二十六《感通》）

隋京師定水寺釋法稱

　　釋法稱，江南人。通諸經聲，清響動眾，陳氏所化，舉朝奉之。又善披導，即務標奇，雖無希世之明，而有隨機之要。隋平南服，與白雲經師，同歸秦壤，住興善寺。每引內禁，敘論正義，開納帝心，即敕正殿常置經座，日別差讀經，聲聲不絕，聽覽微隙，即問經旨。遂終昇遐，晚住定水，與雲同卒，俱八十餘，仁壽年也。

　　時有智云，亦善經唄，對前白者，世號烏雲，令望所高聲飛南北，每執經對御，向振如雷。時慘哀囀，停駐飛走，其德甚眾，秘不泄之，故無事緒可列。又善席上，談吐驚奇，子史丘索，都皆諳曉，對時引挽，如宿構焉。隋煬在蕃，彌崇敬愛，召入慧日，把臂朋從，欣其詞令故也。年登五十，卒於京師。王悲惜焉，數日不出，廣為追福，又教沙門法論為之墓誌，見於別集。

（據《續高僧傳》卷三十《雜科聲德》）

隋東都慧日道場釋立身

釋立身，江表金陵〔註169〕人。志節雄果，不緣浮綺，威容肅然，見者憚懾，有文章工辯對。時江左文士，多興法會，每集名僧，連霄法集，導達之務，偏所牽心，及身之登座也。創發謦咳，砰磕如雷，通俗斂衿，毛豎自整，至於談述業緣，布列當果，泠然若面，人懷厭勇，晚入慧日，憂贈日隆。大業初年，聲唱尤重，帝以聲辯之功，動哀情抱，賜帛四百段，氈四十領。性本清儉，無兼儲畜，率命門學，通共均分。從駕東都，遂終於彼，時年八十餘矣。時西京興善官供尋常，唱導之士，人分羽翼，其中高者，則慧寧、曠壽、法達、寶岩，哮吼之勢有餘，機變之能未顯，人世可觀，故不廣也。

（據《續高僧傳》卷三十《雜科聲德》）

隋西京日嚴道場釋善權

釋善權，揚都〔註170〕人。住寶田寺，聽採成論，深有義能，欻爾回思，樂體人物，隨言聯貫，若珠璧也。眾以學工將立，不願弘之，而權發悟時機，為功不少，適詣為得，遂從其務。然海內包括，言辯之最，無出江南。至於銓品時事，機斷不思，莫有高者。晚以才術之舉煬帝所知，召入京師住日嚴寺。獻后既崩，下令行道，英聲大德五十許人，皆號智囊，同集宮內，六時樹業，令必親臨。權與立身份番禮導，既絕文墨，惟存心計，四十九夜，總委二僧，將三百度，言無再述，身則聲調陵人，權則機神駭眾，或三言為句，便盡一時，七五為章，其例亦爾。煬帝與學士柳顧言諸葛穎等語，曰：「法師談寫，乍可相從。」導達鼓言，奇能切對，甚可訝也。穎曰：「天授英辯，世罕高者。」時有竊誦其言寫為卷軸，以問於權，權曰：「唱導之設，務在知機，誦言行事，自貽打棒，雜藏明誡，何能輒傳。宜速焚之，勿漏人口。」故權之導文，不存紙墨，每讀碑誌，多疏麗詞。傍有觀者，若夢遊海，及登席列用，牽引囀之，人謂拔情，實惟巧附也。大業初年，終日嚴寺，時年五十三矣。門人法綱，傳師導法，汪汪任放，譎詭多奇，言雖不繁，寫情都盡。蕭僕射昆李，時號學宗，常營福祀，登臨莫逮，每有檀會，必遣邀迎。然其令響始飛，颯焉早逝，釋門掩扇，道俗咸惋。

（據《續高僧傳》卷三十《雜科聲德》

〔註169〕古地名，即今江蘇南京。
〔註170〕古地名，即今江蘇揚州。

唐京師勝光寺中天竺沙門波頗

波羅頗迦羅蜜多羅，唐言作明知識，或一云波頗，此云光智，中天竺人也。本剎利王種，姓剎利帝。十歲出家，隨師習學，誦一洛叉大乘經，可十萬偈。受具已後，便學律藏。博通戒網，心樂禪思。又隨勝德修習定業，因修《不捨經》。十二年末，復南遊摩伽陀國那爛陀寺〔註171〕。值戒賢論師盛弘《十七地論》〔註172〕，因復聽採，以此論中，兼明小教，又誦一洛叉偈小乘諸論。波頗識度通敏，器宇沖邃，博通內外，研精大小。傳燈教授，同侶所推，承化門人般若因陀羅跋摩等。學功樹績，深達義綱。今見領徒本國匡化，為彼王臣之所欽重。但以出家釋子，不滯一方，六月一移，任緣靡定。承北狄貪勇，未識義方，法藉人弘，敢欲傳化。乃與道俗十人展轉北行，達西面可汗葉護衙所，以法訓勖，曾未浹旬。特為戎主深所信伏，日給二十人料，旦夕祇奉，同侶道俗，咸被珍遇，生福增敬，日倍於前。

武德九年，高平王出使入蕃，因與相見，承此風化，將事東歸。而葉護君臣留戀不許。王即奏聞，下敕徵入，乃與高平同來謁帝。以其年十二月達京，敕住興善。釋門英達，莫不修造，自古教傳詞旨，有所未逾者，皆委其宗緒。括其同異，內計外執，指掌釋然，徵問相仇，披解無滯，乃上簡聞。蒙引內見，躬傳法理，無爽對揚，賜彩四十段，並宮禁新納一領，所將五僧，加料供給，重頻慰問，勞接殊倫。至三年三月，上以諸有非樂，物我皆空，眷言真要，無過釋典，流通之極，豈尚翻傳。下詔所司，搜揚碩德備經三教者一十九人，於大興善創開傳譯，沙門慧乘等證義，沙門玄謨等譯語，沙門慧賾、慧淨、慧明、法琳等綴文。又敕上柱國尚書左僕射房玄齡、散騎常侍太子詹事杜正倫，參助勘定，光祿大夫太府卿蕭璟總知監護，百司供送，四事豐華，初譯《寶星經》，後移勝光。又譯《般若燈大莊嚴論》，合三部三十

〔註171〕 那爛陀寺，古代中印度佛教的最高學府和學術中心，在古摩揭陀國王舍城附近，今印度比哈爾邦中部都會巴特那東南90公里。五世紀初，笈多王朝之帝日王為北印度曷羅社盤社比丘建立本寺，歷代屢加擴建，遂成為古印度規模宏大之佛教寺院及佛教最高學府，玄奘法師曾在此地留學。

〔註172〕 即《瑜伽師地論》，係印度佛教論書，又稱《瑜伽論》、《十七地論》，為印度佛教瑜伽行唯識學派及中國法相宗的根本論書，亦是玄奘西行取經法之最大原因。瑜伽師地，意即瑜伽師修行所要經歷的境界（十七地），故亦稱《十七地論》。相傳為彌勒菩薩口述，無著記錄。為印度大乘佛教瑜伽行派和中國法相宗的根本論書。漢傳佛教以此經為彌勒所造慈氏五經之一，藏傳佛教傳統上認定此論的作者為無著。

五卷。至六年冬，勘閱既周，繕寫云畢。所司詳讀，乃上聞奏。下敕各寫十部散流海內，仍賜頗物百段。餘承譯僧，有差束帛。又敕太子庶子李百藥製序，俱如論首。波頗意在傳法，情望若弦，而當世盛德，自私諸己。有人云：「頗僥倖時，譽取馳於後，故聚名達，廢講經論，斯未是弘通者。」時有沙門靈佳，卓犖拔群，妙通機會，對監護使具述事理云：「頗遠投東夏，情乖名利，欲使道流千載，聲振上古。昔符姚兩代，翻經學士乃有三千，今大唐譯人不過二十，意在明德同證，信非徒說。後代昭奉，無疑於今耳。」識者僉議攸同，後遂不行。時為太子染患，眾治無效，下敕迎頗入內。一百餘日，親問承對，不虧帝旨。疾既漸降，辭出本寺，賜綾帛等六十段，並及時服十具。頗誓傳法化，不憚艱危。遠度蔥河，來歸震旦。經途所亙，四萬有餘。躬齎梵本，望並翻盡。不言英彥，有墜綸言。本志頹然，雅懷莫訴。因而構疾，自知不救。分散衣資，造諸淨業。端坐觀佛，遺表施身。下敕特聽。尋爾而卒於勝光寺，春秋六十有九。東宮下令給二十人，輿尸坐送至於山所，闍維既了。沙門玄謨收拾餘骸，為之起塔於勝光寺。在乘師塔東，即貞觀七年四月六日也。有識同嗟，法輪輟軫。四年之譯，三峽獻功，掩抑慧燈，望照惑累。用茲弘道，未敢有聞。既而人喪法崩，歸怨斯及。伊我東鄙，匪咎西賢，悲夫。

（據《續高僧傳》卷三《譯經》）

唐京師清禪寺沙門釋慧賾

釋慧賾，俗姓李，荊州江陵人。早悟非常，神思鋒逸。九歲投本邑隱法師出家。隱體其精爽異倫，即度為沙彌，講授之暇，誨以幽奧。賾領牒玄理，曾不再思。執卷誦文，紙盈四十。荊楚秀望，欽而美之。初從隱聽《涅槃》、《法華》，後別聽《三論》。皆剖析新奇，抗擬摽會。

開皇中年，江陵寺大興法席，群師雲赴。道俗以賾嘉績夙成，咸欲觀其器略，共請為法主。顧惟披導有旨，因而踐焉。甫年十二，創開涅槃。比事吐詞，義高常伯。論難相繼，辯答冷然。少長莫不縅心，頌聲載路。荊州刺史宜龍公元壽聞其幼譽，驚挺親駕謁焉，素倍前聞，大相褒賞，以事奏聞云：「希世卓秀者也。」登即有詔，令本州備禮所在恭送。既達京輦，殊蒙慰引，賜納僧伽梨並衣一襲，仍令住清禪寺。從容法侶，敦悅玄儒。才藻屢揚，汲引無竭。預有衣冠士族，皆來展造門庭。莫不贊其洽聞博達，機捷之謂也。末厭煩

梗，思濟清神。乃從應禪師稟資心學，掩關兩載，情蹈諸門，遂語默於賢聖之間，談授於經緯之理。值隋氏雲喪，法事淪亡，道闇當年，情欣棲靜。以大業末歲，移卜終南之高冠嶺，因岩構室，疏素形心。會唐運勃興，蒼生攸濟。賾不滯物我，來從帝城。講誨暫揚，傾都請道。武德年內，釋侶雲繁，屢建法筵，皆程氣宇，時延興寺，百座講《仁王經》，王公卿士，並從盛集。沙門吉藏，爰豎論宗。聲辯天臨，貴賤傾目。賾纔施銳責，言清理詣，思動幾微，神彩驚越四部，駭心百辟。藏顧而歎曰：「非惟論辯難繼，抑亦銀鉤罕蹤。」今上在蕃，親觀論府，深相結納，擬為師友。六使來召，令赴別第。賾以生名殺身之累，由來有人。退讓余詞，一不聞命。及貞觀開譯，詔簡名僧，眾以文筆知名，兼又統詳論旨，乃任為翻論之筆。譯訖奏聞，有敕賜帛百匹，衣服一具。賾又著論序，曰《般若燈論者》，一名《中論》，本有五百偈，借燈為名者，無分別智，有寂照之功也。舉中標目者，鑒亡緣觀，等離二邊也。然則燈本無心智也，亡照法性平等，中義在斯，故寄論以明之也。若夫尋論滯旨，執俗迷真，顛倒斷常之間，造次有無之內。守名喪實，攀葉亡根者，豈欲爾哉，蓋有由矣，請試陳之。若乃構分別之因，招虛妄之果，惑累薰其內識，惡友結其外緣，致使慢聳崇山，見深滄海，恚火難觸，詞鋒罕當。聞說有而快心，聽談空而起謗，六種偏執，各謂非偏。五百論師諍陳異論，或將邪亂正，或以偽齊真，識似悟而翻迷，教雖通而更壅，可謂捐珠玩石。棄寶負薪，觀畫怖龍，尋跡怯象，愛好如此，良可悲夫。龍樹菩薩救世挺生，呵嗜欲而發心，閱深經而自鄙，蒙獨尊之懸記。然法炬於閻浮，且其地越初依，功超伏位，既窮一實，且究二能，佩兩印而定百家，混三空而齊萬物。點塵劫數歷，試諸難，悼彼群迷，故作斯論。文玄旨妙，破巧申工。被之鈍根，多生怯退。有分別明菩薩者，大乘法將體道居衷，邇覽真言，為其釋論。開秘密藏，賜如意珠。略廣相成，師資互顯。至如自乘異執，鬱起千端。外道殊計，紛然萬緒。驢乘競馳於駕馴，螢火爭耀於龍燭。莫不標其品類，顯厥師宗。玉石既分，玄黃也判。西域染翰，乃有數家。考實析微，此為精詣，若含通本末，有六千偈，梵文如此。翻則減之。我皇帝神道邁於羲皇，陶鑄侔於造化，崇本息末，無為太平。守母存子，不言而治。以為聖教東流，年淹數百，而億象所負，闕者猶多，希見未聞，勞於寤寐。中天竺國三藏法師波頗蜜多羅，學兼半滿，博綜群詮，喪我怡神，搜玄養性。遊方在念，利物為懷，故能附弋傳身，舉煙命伴。冒冰霜而越蔥嶺，犯風熱而度沙河，時積五年，途經四萬。

以大唐貞觀元年，頂戴梵文至止京輦。昔秦徵童壽，苦用戎兵，漢請摩騰遠勞蕃使，詎可方茲感應，道契冥符。家國休祥，德人爰降。有司奏見，殊悅帝心，敕住興善勝光，即傳新經之始。仍召義學沙門及王公宰輔，對翻此論，研核幽旨，去華存實，目擊則欣其會理，函杖則究其是非。文雖定而覆詳，義乃明而重審，歲在壽星，檢勘雲畢，其為論也。觀明中道，而存中失觀。空顯第一，而得一乖空，然司南之車，本示迷者，照膽之鏡，為鑒邪人，無邪則鏡無所施，不迷則車不為用。斯論破申，其猶此矣。雖復斥內遮外，盡妄窮真，而存乎妙存，破如可破，蕩蕩焉，恢恢焉。迎之靡測其源，順之罔知其末。信是瑩心神之砥礪，越溟海之舟輿，駭昏識之雷霆，照幽途之日月者矣。此土先有《中論》四卷，本偈大同，賓頭盧伽為之注解，晦其部執，學者昧焉。此論既興，可為龜鏡，庶明達君子，詳而味之。序成未即聞上，帝敕秘書監虞世南作序，見贖之所制，歎咽無以加焉。因奏聞上，仍以序列於卷首。所在傳寫緘於經藏。以貞觀十年四月六日終於所住，春秋五十有七，葬於京郊之東。列隧立碑頌其芳德。太常博士褚亮為文，自贖之知道，倫等崇其辯機，時俗以擬慧乘，固為篤論，詞注難窮，無施不遂，講《華嚴》、《大品》、《涅槃》、《大智度》、《攝大乘》及《中百》諸論，皆筌釋章部，決滯有聞。又誦《涅槃》、《法華》，音文淳美，時為眾述。清嘯動神，又抽減什物，用寫藏經。尋閱才止，便修虔奉。又善導達眾，首舒暢物情，為諸文雄之所稱敘。特明古蹟偏曉書畫。京華士子屢陳真偽，皆資其口，實定其人世。文章詞體，頗預能流。草隸筆功，名疏臺府，每有官供勝集，必召而處其中。公卿執紙，請書填赴。贖隨紙賦筆，飛驟如風，藻蔚雄態，綺華當世。故在所流詠耽玩極多，懸諸屏障，或銘座右。著集八卷行世。

（據《續高僧傳》卷三《譯經》）

唐京師紀國寺沙門釋慧淨

釋慧淨，俗姓房氏，常山真定人也。家世儒宗，鄉邦稱美。淨即隋朝國子博士徽遠之猶子也。生知天挺，雅懷篇什，風格標峻，器宇沖邈。年在弱歲，早習丘墳。便曉文頌，榮冠閭里。十四出家，志業弘遠，日頌八千餘言，總持詞義，罕有其比。遊聽講肆，諮質碩疑，徵究幽微，每臻玄極。聽《大智度》及餘經部，神辨孤拔，見聞驚異。有志念論師，馳名東夏，時號窮小乘之岩穴也。乃從聽習，雜心婆沙，學周兩遍，大義精通。根葉搜求，務括清致，

由是嘉聲遠布，學徒欽屬。

開皇之末，來儀帝城。屢折重關，更馳名譽。大業初歲，因尋古蹟至於槐里，遇始平令楊宏集諸道，俗於智藏寺欲令道士先開道經。於時法侶雖殷，無敢抗者。淨聞而謂曰：「明府盛結，四部銓衡兩教，竊有未喻，請諮所疑，何者賓主之禮，自有常倫。其猶冠履，不可顛倒。豈於佛寺，而令道士先為主乎，明府教義有序，請不墜續。」令曰：「有旨哉。」幾誤諸後，即令僧居先坐，得無辱矣。有道士於永通，頗挾時譽，令懷所重，次立義曰：「有物混成，先天地生。吾不知其名，字之曰道。」令即命言申論，仍曰：「法師必須詞理切對，不得犯平頭上尾。」於時令冠平帽，淨因戲曰：「貧道既不冠帽，寧犯平頭。」令曰：「若不犯平頭，當犯上尾。」淨曰：「貧道脫屣升床，自可上而無尾。明府解巾冠帽，可謂平而無頭。」令有靦容，淨因問通曰：「有物混成，為體一故混，為體異故混，若體一故混，正混之時，已自成一。則一非道生，若體異故混，未混之時，已自成二，則二非一起，先生道冠，余列請為稽疑。」於是通遂茫然，忸怩無對。淨曰：「先生既能開關延敵，正當鼓怒余勇，安得事如桃李，更生荊棘。」仍顧令曰：「明府既為道助，何以救之。」令遂赧然，爾後頻有援救，皆應機偃僕。罔非覆軌。自爾大小雙玩，研味逾深，注述之餘，尋繹無暇。卻掃閒室，統略舊宗。纘述雜心玄文為三十卷，包括群典，籠罩古今，四遠英猷，皆參沉隱。末又以《俱舍》所譯詞旨，宏富雖有陳跡，未盡研求。乃無師獨悟，思擇名理，為之文疏三十餘卷。遂使經部妙義，接紐明時。罽賓正宗，傳芳季緒，學士穎川庾初孫，請注《金剛般若》。乃為釋文舉義，郁為盛作。窮真俗之教原，盡大乘之秘要。遐邇流佈，書寫誦持。文學詞林，傳諸心口，聲績相美，接肩恒聞。太常博士褚亮，英藻清拔，名譽早聞，欽此芳猷，為之序引，其詞曰：若夫大塊均形，役智從物，情因習改，性與慮遷，然則達鑒窮覽，皎乎先覺。炳慧炬以出重昏，拔愛河而升彼岸。與夫輪轉萬劫，蓋染六塵，流遁以徇無涯，蹎駮而趨捷逕，不同日而言也。穎川庾初孫，早弘篤信，以為般若所明，歸於正道，顯大乘之名相，標不住之宗極，出乎心慮之表，絕於言像之外。是以結髮受持，多歷年所，雖妙音演說，成誦不虧，而靈源邃湛，或有未悟。嗟迷方之弗遠，眷砥途而太息。屬有慧淨法師，博通奧義，辯同炙輠，理究連環。庾生入室研幾，伏膺善誘。乘此誓願，仍求注述。法師懸鏡忘疲，衢樽自滿。上憑神應之道，傍盡心機之用。敷暢微言，宣揚至理，曩日舊疑，渙焉冰釋。今茲妙義，朗若霞開，為像法之梁棟，變群

生之耳目。辭峰秀上，映鷲嶽而相高；言泉激壯，赴龍宮而競遠。且夫釋教西興，道源東注，世閱賢智，才兼優洽。精該睿旨，罕見其人。今則沙門重闉，藉甚當世，想此玄宗，郁為稱首。歲惟閹茂，始創懷油。月躔仲呂，爰茲絕筆。緇俗攸仰，軒蓋成陰。扣鐘隨其大小，鳴劍發其光采，一時學侶，專門受業，同涉波瀾，遞相傳授。方且顧蔑林遠，俯視安生，獨步高衢，對揚正法。遼東真本，望懸金而不刊；指南所寄，藏群玉而無朽。豈不盛哉！豈不盛哉！

武德初歲，時為三府官僚，上下咸集延興，京城大德競陳言論。有清禪法師，立破空義，聲色奮發，屬逸當時。相府記室王敬業，啟上曰：「登座法師義鋒難對，非紀國慧淨無以挫其銳者。」即令對論，淨曰：「今在英雄之側，廁龍象之間。奉對上人難為高論，雖然敢藉斂秋霜之威，布春雨之澤。使慧淨諮質小疑，令法師揄揚大慧，豈非佛法之盛哉。」因問曰：「未審破空，空有何破。」答曰：「以空破空，非以有破。」難曰：「執空為病，還以空破。是則執有為病，還以有除。覆卻往，還遂無以解。」

貞觀二年新經既至，將事傳譯。下敕所司搜選名德，淨當斯集，筆受《大莊嚴論》。詞旨深妙，曲盡梵言，宗本既成，並續文疏為三十卷。義冠古今，英聲藉甚。三藏法師對僕射房玄齡、鴻臚唐儉庶子杜正倫、于志寧，撫淨背而歎曰：「此乃東方菩薩也，自非精爽天拔，何以致斯言之極哉。」其為異域見欽如此。至貞觀十年，本寺開講，王公宰輔，才辯有聲者，莫不畢集，時以為榮望也。京輔停輪，盛言陳抗，皆稱機判委，綽有餘逸。黃巾蔡子晃、成世英，道門之秀，纔申論擊，因遂徵求。自覆義端，失其宗緒，淨乃安詞調引，晃等飲氣而旋。合坐解頤，貴識同美。爾後專當法匠，結眾敷弘，標放明穆，聲戀臺府。梁國公房玄齡，求為法友，義結俗兄，晨夕參謁，躬盡虔敬，四事供給，備展翹誠。淨體斯榮問，忘身為法，又撰《法華經纘述》十卷，《勝鬘仁王般若》、《溫室盂蘭盆上下生各出要纘》，盛行於世。並文義綺密，高彥推之。故其每有弘通，光揚佛日。緇素雲踊，慶所洽聞。於時大法廣弘，充溢天壤，頗亦淨之功也。然末代所學庸淺者多，若不關外，則言無所厝。如能摧伏異道，必以此學為初。每以一分之功，遊心文史，贊引成務，兼濟其神。而性慕風流，情寄仁厚。泛愛為心，忘己接物。舒寫言晤，終日無疲。故使遠近，聞風參請填委。皆應變接敘，神悅而歸。或筆賦緣情，觸興斯舉。留連旬日，動成文會。和琳法師《初春法集》之作曰：「鷲嶺光前選，祇園表昔恭；哲人崇踵武，弘道會群龍；高座登蓮葉，塵尾振霜松；塵飛揚雅梵，風度引疏鐘；

靜言澄義海，發論上詞鋒；心虛道易合，跡廣席難重；和風動淑氣，麗日啟時雍；高才掞雅什，顧己濫朋從；因茲仰積善，靈華庶可逢。」又與英才言聚，賦得升天行，詩曰：「馭風過閬苑，控鶴下瀛洲；欲採三芝秀，先從千仞遊；駕鳳吟虛管，乘槎泛淺流；頹齡一已駐，方驗大椿秋。」又和盧贊府遊紀國道場詩曰：「日光通漢室，星彩晦周朝；法城從此構，香閣本岧嶢；珠盤仰承露，刹鳳俯摩宵；落照侵虛牖，長虹拖跨橋；高才暫騁目，雲藻遂飄颻；欲追千里驥，終是謝連鏕。」又於冬日普光寺臥疾，值雪簡諸舊遊，詩曰：「臥痾苦留滯，闔戶望遙天；寒雲舒復卷，落雪斷還連；凝華照書閣，飛素婉琴弦；回飄洛神賦，皓映齊紈篇；縈階如鶴舞，拂樹似花鮮；從賞豐年瑞，沈憂終自憐。」於是帝朝宰貴趙公燕公以下名臣和係將百許首，中書舍人李義府，文苑之英秀者也。美之不已，為詩序云：「由斯聲唱更高，玄儒屬目，翰林文士，推承冠絕。競述新制，請摘瑕累。」淨以人之作者，差非奇挺。乃搜採近代藻銳者，撰詩英華，一帙十卷。識者懷鉛，探其冠冕。吳王諮議劉孝孫，文才翹拔，為之序曰：「釋教之為義也，大矣哉。智識所不能名言，視聽所不得聞見。馬鳴、龍樹，弘聖旨於前；慧遠、道安，闡微言於後。至於紹高蹤而孤引，踵逸軌以遐徵。誰之謂歟！慧淨法師即其人矣。」法師淳和稟氣，川嶽降精，神解內融，心幾外朗。耆年對日，卯歲參玄。擢本森稍，干雲階乎尺木；長瀾森漫，浴日道乎蒙泉。而慧炬夙明，禪枝早茂。臨閒川而軫慮，眷定水以怡神。慨彼勞生，悟茲常樂。三乘奧義，煥矣冰消。二諦法門，怡然理順。俄而發軔東夏，杖錫西秦。至於講肆法筵，聆嘉聲而響赴。剖疑析滯，服高義而景從。明鏡屢照而不疲，鴻鐘待扣而斯應，窮涯盈量，虛往實歸，誠佛法之棟樑，實僧徒之領袖者也。余昔遊京輦，得申景慕，寥寥淨域披雲而見光景，落落閒居入室而生虛白。法師導余以實際，誘余以真如，挹海不知其淺深，學山徒仰其峻極，嘗以法師敷演之暇，商搉翰林。若乃園柳天榆之篇，阿閣綺窗之詠，魏王北山，陳思南國，嗣宗之賦明月，彭澤之摛微雨，逮乎顏謝掞藻，任沈遒文，足以理會八音，言諧四始，咸遞相祖述，郁為龜鏡，豈獨光於曩代而無繼軌者乎。近世文人才華間出，周武帝振彼雄圖削平漳滏，隋高祖韞茲英略，戡定江淮。混一車書，大開學校，溫邢譽高於東夏，徐庾價重於南荊，王司空孤秀一時，沈恭子標奇絕代，凡此英彥安可闕如，自參墟啟祚，重光景曜。大弘文德，道冠前王，藹軸之士風趣，林壑之賓雲集，故能抑揚漢徹，孕育曹丕。文雅郁興，於茲為盛，余雖不敏，竊有志焉。既而舟壑潛移，悼陵谷

而遷貿，居諸易晚，惻人世之難常。固請法師暫回清鑒，採撝詞什耘剪蕪蕪。蓋君子不常矜莊，刪詩未為斯玷。自劉廷尉所撰詩苑之後，纂而續焉。穎川庾初孫，學該墳素，行齊顏閔；京兆韋山甫，耿介有奇節，弋獵綜群言，與法師周旋，情逾膠漆。睹斯盛事，咸共贊成。生也有涯，庾侯長逝。永言恒化，不覺流襟。頃觀其遺文，久為陳跡，今亦次乎，污簡貽諸後昆。法師式遵舊章，纂斯鴻烈，余聊因暇日，敬述芳猷。俾郢唱楚，謠同管絃而播響；春華秋實，與天地而長存，遂使七貴揖其嘉猷，五眾欣其慧識，凡預能流家藏一本，自爾國家盛集，必預前驅，每入王宮，頻登上席。簡在帝心，群宮攸敬。皇儲久餐德素。乃以貞觀十三年集諸官臣及三教學士於弘文殿，延淨開闡法華，道士蔡晃講論好獨秀，玄宗下令遣與抗論，晃即整容問曰：「經稱序品第一，未審序第何分。」淨曰：「如來入定徵瑞，放光現奇，動地雨花，假遠開近，為破二之洪基，作明一之由漸，故為序也。第者為居，一者為始，序最居先，故稱第一。」晃曰：「第者弟也，為第則不得稱一，言一則不得稱第，兩字牟盾，何以會通。」淨曰：「向不云乎第者為居，一者為始，先生既不領前宗，而謬陳後難。便是自難，何成難人。」晃曰：「言不領者，請為重釋。」淨啟令曰：「昔有二人，一名蛇奴，道帚忘掃；一名身子，一聞千解。然則蛇奴再聞不悟，身子一唱便領。此非授道不明，但是納法非俊。」晃曰：「法師言不出唇，何所可領。」淨曰：「菩薩說法，聲振十方，道士在坐，如迷如醉。豈直形體聾瞽，其智抑亦有之。」晃曰：「野幹說法，何由可聞。」淨曰：「天宮嚴衛，理絕狩蹤，道士魂迷，謂人為畜。」時有國子祭酒孔穎達〔註173〕，心存道黨，潛扇蠅言曰：「佛家無諍，法師何以構斯。」淨啟令曰：「如來在日，已有斯事，佛破外道，外道不通，反謂佛曰：汝常自言平等。今既以難破我，即是不平，何謂平等。佛為通曰：以我不平破汝不平，汝若得平即我平也。而今亦爾，以淨之諍破彼之諍，彼得無諍即淨無諍也。」於時皇儲語祭酒曰：「君既剚說，真為道黨。」淨啟令曰：「慧淨常聞，君子不黨其知，祭酒亦黨乎。」皇儲怡然大笑，合坐歡踴，令曰：「不徒法樂，已至於斯。」故淨之樞機，三教發悟。一斯類也，頻入宮闈與道抗論，談柄暫搖，四坐驚聾，蔡晃等既是道門鋒領，屢逢屈挫，心聲俱靡，皇儲目屬淨之神銳難加也，乃請為普

〔註173〕孔穎達，字沖遠、仲達，冀州衡水（今河北衡水市）人。隋唐間儒家學者，經學家。尤明《左傳》、鄭玄注《尚書》、《毛詩》、《禮記》和王弼注《易》，兼善曆算、能屬文。

光寺任，下令曰：「紀國寺上座慧淨法師名稱高遠，行業著聞，綱紀伽藍，必有弘益。請知寺任。」淨以弘宣為務，樂於寂止，雖蒙榮告，情所未安，乃委固辭，不蒙允許，慨斯恩迫，致啟謝曰：「伏奉恩令。」以慧淨為普光寺主，仍知本寺上座事，奉旨驚惶，罔知攸措。但慧淨不揆庸短，少專經論，用心過分，因構沉痾，暨犬馬齒隆，衰弊日甚，賴全生納養，僅時敷說，磨鈍策蹇，濫被吹噓。至於提頓綱維，由來未悟。整齊僧眾，素所不閑，恩遣曳此庸衰，總彼殷務，竊悲魚鹿易處，失燥濕之宜，方圓改質，乖任物之性。既情不逮，事實迫於心，撫躬驚惕，不遑啟處，然恩旨隆渥，罔敢辭讓，謹以謝聞，伏增戰悚。」……

及貞觀十九年，更崇翻譯，所司簡約，又無聯類，下召追赴，謝病乃止。今春秋六十有八，聲問轉高，心疾時動，或停法雨暫，有登臨雲屯學館，義侶則掇其冠冕，文句則定其短長，詞辨則揭其菁華，音韻則響其諧調。神氣高爽，足引儒夫，牆宇崇深，彌開廉士，斯並目敘而即筆，故不盡其纖隱雲。

（據《續高僧傳》卷三《譯經》）

唐京大慈恩寺釋玄奘〔註174〕

法師諱玄奘，俗姓陳，陳留〔註175〕人也。漢太丘長仲弓之後。曾祖欽，後魏上黨太守。祖康，以學優仕齊，任國子博士，食邑周南，子孫因家，又為緱氏人也。父慧，英潔有雅操，早通經術，形長八尺，美眉明目，褒衣博帶，好儒者之容，時人方之郭有道。性恬簡，無務榮進，加屬隋政衰微，遂潛心墳典。州郡頻貢孝廉及司隸辟命，並辭疾不就。識者嘉焉。有四男，法師即第四子也。

幼而圭璋特達，聰悟不群。年八歲，父坐於幾側口授《孝經》〔註176〕，至曾子避席，忽整襟而起。問其故，對曰：「曾子〔註177〕聞師命避席，（玄奘）今奉慈訓，豈宜安坐。」父甚悅，知其必成，召宗人語之，皆賀曰：「此公之揚焉也。」其早慧如此。自後備通經奧，而愛古尚賢，非雅正之籍不觀，非聖哲之風不習，不交童幼之黨，無涉闤闠之門，雖鍾鼓嘈囋於通衢，百戲叫歌

〔註174〕玄奘其事詳見《大唐西域記》。

〔註175〕陳留：古地名，即今河南開封。

〔註176〕《孝經》：中國古代儒家的倫理學著作，傳說是孔子自作。

〔註177〕曾參：字子輿，春秋末年魯國南武城（為山東濟寧嘉祥縣人），孔子弟子。

於閭巷，士女雲萃，其未嘗出也。

又少知色養，溫清淳謹。其第二兄長捷先出家，住東都〔註178〕淨土寺，察法師堪傳法教，因將詣道場，誦習經業。俄而有敕於洛陽度二七僧，時業憂者數百，法師以幼少不預取限，立於公門之側。時使人大理卿鄭善果有知士之鑒，見而奇之，問曰：「子為誰家？」答以氏族。又問：「求度耶？」答曰：「然。但以習近業微，不蒙比預。」又問：「出家意何所為？」答曰：「意欲遠紹如來，近光遺法。」果深嘉其志，又賢其器貌，故特而取之。因謂官僚曰：「誦業易成，風骨難得。若度此子，必為釋門偉器，但恐果與諸公不見其翔翥雲霄，灑演甘露耳。又名家不可失。」以今觀之，則鄭卿之言為不虛也。

既得出家，與兄同止，時寺有景法師講《涅槃經》，執卷伏膺，遂忘寢食。又學嚴法師《攝大乘論》，愛好逾劇。一聞將盡。再覽之後。無復所遺。眾咸驚異。乃令升座覆述。抑揚剖暢。備盡師宗。美聞芳聲。從茲發矣。時年十三也。

其後隋氏失御，天下沸騰。帝城為桀、跖之窟，河、洛為豺狼之穴。夜冠殄喪，法眾銷亡，白骨交衢，煙火斷絕。雖王、董僭逆之釁，劉、石亂華之災，剝割生靈，芟夷海內，未之有也。法師雖居童幼，而情達變通，乃啟兄曰：「此雖父母之邑，而喪亂若茲，豈可守而死也！今聞唐帝驅晉陽之眾，已據有長安，天下依歸如適父母，願與兄投也。」兄從之，即共俱來，時武德元年矣。

是時國基草創，兵甲尚興，孫、吳之術斯為急務，孔、釋之道有所未遑，以故京城未有講席，法師深以慨然。初，煬帝於東都建四道場，召天下名僧居焉。其徵來者，皆一藝之士，是故法將如林，景、脫、基、暹為其稱首。末年國亂，供料停絕，多遊綿、蜀，知法之眾又盛於彼。法師乃啟兄曰：「此無法事，不可虛度，願遊蜀受業焉。」兄從之，又與經子午谷，入漢川，遂逢空、景二法師，皆道場之大德，相見悲喜。停月餘，從之受學，仍相與進向成都。

諸德既萃，大建法筵，於是更聽基、暹《攝論》、《毗曇》及震法師《迦延》，敬惜寸陰，勵精無怠，二三年間，究通諸部。時天下饑亂，唯蜀中豐靜，故四方僧投之者眾，講座之下常數百人，法師理智宏才皆出其右，吳、蜀、荊、楚無不知聞，其想望風徽，亦猶古人之欽李、郭矣。

　　法師兄因住成都空慧寺，亦風神朗俊，體狀魁傑，有類於父。好內、外學，凡講《涅槃經》、《攝大乘論》、《阿毗曇》，兼通書傳，尤善老莊，為蜀人所慕。總管酇公特所欽重。至於屬詞談吐，蘊藉風流，接物誘凡，無愧於弟。若其亭亭獨秀，不雜埃塵，遊八絃，窮玄理，廓宇宙以為志，繼聖達而為心，匡振頹網，包挫殊俗，涉風波而意靡倦，對萬乘而節逾高者，固兄所不能逮。然昆季二人懿業清規，芳聲雅質，雖盧山兄弟無得加焉。

　　法師年滿二十，即以武德五年於成都受具，坐夏學律，五篇七聚之宗，一遍斯得。益部經論研綜既窮，更思入京詢問殊旨。條式有礙，又為兄所留，不能遂意，乃私與商人結侶，泛舟三峽，沿江而遁，到荊州天皇寺。彼之道俗承風斯久，既屬來儀，咸請敷說。法師為講《攝論》、《毗曇》，自夏及冬，各得三遍。時漢陽王以盛德懿親，作鎮於彼，聞法師至，甚歡，躬身禮謁。發題之日，王率群僚及道俗一藝之士，咸集榮觀。於是徵詰雲發，關並峰起，法師酬對解釋，靡不詞窮意服。其中有深悟者，悲不自勝。王亦稱歎無極，嚫施如山，一無所取。

　　罷講後，復北遊，詢求先德。至相州，造休法師，質問疑礙，又到趙州，謁深法師學《成實論》。又入長安，止大覺寺，就岳法師學《俱舍論》。皆一遍而盡其旨，經目而記於心，雖宿學者年不能出也。至於鉤深致遠，開微發伏，眾所不至，獨悟於幽奧者，固非一義焉。

　　時長安有常、辯二大德，解究二乘，行窮三學，為上京法匠，緇素所歸，道振神州，聲馳海外，負笈之侶從之若雲，雖含綜眾經，而偏講《攝大乘論》。法師既曾有功吳、蜀，自到長安，又隨詢採，然其所有深致，亦一拾斯盡。二德並深嗟賞，謂法師曰：「汝可謂釋門千里之駒，再明慧日當在爾躬，恨吾輩老朽恐不見也。」自是學徒改觀，譽滿京邑。

　　法師既遍謁眾師，備餐其說，詳考其理，各擅宗途，驗之聖典，亦隱顯有異，莫知適從，乃誓遊西方以問所惑，並取《十七地論》以釋眾疑，即今之《瑜伽師地論》也。又言：「昔法顯、智嚴亦一時之士，皆能求法導利群生，豈使高跡無追，清風絕後？大丈夫會當繼之。」於是結侶陳表。有詔不許。諸人咸退，唯法師不屈。

　　既方事孤遊，又承西路艱嶮，乃自試其心，以人間眾苦種種調伏，堪任不退。然始入塔啟請，申其意志，願乞眾聖冥加，使往還無梗。又法師之生也，母夢法師著白衣西去，母曰：「汝是我子，今欲何去？」答曰：「為求法故

去。」此則遊方之先兆也。

貞觀三年秋八月，將欲首塗，又求祥瑞。乃夜夢見大海中有蘇迷盧山，四寶所成，極為嚴麗。意欲登山，而洪濤沟湧，又無船筏。不以為懼，乃決意而入。忽見石蓮華湧乎波外，應足而生，卻而觀之，隨足而滅。須臾至山下，又峻峭不可上。試踊身自騰，有搏飆颭至，扶而上升，到山頂，四望廓然，無復擁礙，喜而寤焉，遂即行矣。時年二十六也。

時有秦州僧孝達在京學《涅槃經》，功畢還鄉，遂與俱去……

既至沙州〔註179〕，又附表。時帝在洛陽宮。表至，知法師漸近，敕西京留守左僕射梁國公房玄齡〔註180〕使有司迎待。法師承上欲問罪遼濱，恐稽緩不及，乃倍途而進，奄至漕上。宮司不知迎接，威儀莫暇陳設，而聞者自然奔湊，觀禮盈衢，更相登踐，欲進不得。因宿於漕上矣。

貞觀十九年春正月景子，京城留守左僕射梁國公房玄齡等承法師齎經、像至，乃遣右武侯大將軍侯莫、陳寶、雍州司馬李叔慎、長安縣令李乾祐等奉迎，自漕而入，舍於都亭驛，其從若雲。

是日有司頒諸寺，具帳輿、華幡等，擬送經、像於弘福寺，人皆欣踊，各競莊嚴。翌日大會於朱雀街之南，凡數百件，部伍陳列。即以安置法師於西域所得如來肉舍利一百五十粒；摩揭陀國前正覺山龍窟留影金佛像一軀，通光座高三尺三寸；擬婆羅疣斯國鹿野苑初轉法輪像刻檀佛像一軀，通光座高三尺五寸。擬憍賞彌國出愛王思慕如來刻檀寫真像刻檀佛像一軀，通光座高二尺九寸；擬劫比他國如來自天宮下降寶階像銀佛像一軀，通光座高四尺；擬摩揭陀國鷲峰山說《法華》等經像金佛像一軀，通光座高三尺五寸；擬那揭羅曷國伏毒龍所留影像刻檀佛像一軀，通光座高尺有三寸；擬吠舍釐國巡城行化刻檀像等。又安置法師於西域所得大乘經二百二十四部，大乘論一百九十二部，上座部經、律、論一十五部，三彌底部經、律、論一十五部，彌沙塞部經、律、論二十二部，迦葉臂耶部經、律、論一十七部，法密部經、律、論四十二部，說一切有部經、律、論六十七部，因論三十六部，聲論一十三部，凡五百二十夾，六百五十七部，以二十匹馬負而至。其日所司普班諸寺，

〔註179〕沙州：古地名，即今甘肅省敦煌市。

〔註180〕房玄齡：名喬，字玄齡。唐代齊州臨淄（今山東濟南）人，清河房氏出身，鮮卑人，房彥謙之子。唐朝初年名相。《舊唐書》卷六十五、《新唐書》卷九十五有傳。

但有寶帳、幢幡供養之具，限明二十八日旦並集朱雀街擬迎新至經、像於弘福寺。

於是人增勇銳，各競莊嚴，窮諸麗好，幢帳、幡蓋、寶案、寶輿，寺別將出分布訖，僧尼等整服隨之，雅梵居前，薰爐列後，至是並到朱雀街內，凡數百事。布經、像而行，珠佩動音，金花散彩，預送之儔莫不歌詠希有，忘塵遺累，歎其希遇。始自朱雀街內終屆弘福寺門，數十里間，都人仕子、內外官僚列道兩傍，瞻仰而立，人物闐闐。所司恐相騰踐，各令當處燒香散華，無得移動，而煙雲讚響，處處連合。昔如來創降迦毗，彌勒初升睹史，龍神供養，天眾圍繞，雖不及彼時，亦遺法之盛也。其日眾人同見天有五色綺雲現於日北，宛轉當經、像之上，紛紛鬱鬱，周圓數里，若迎若送，至寺而微。

釋彥悰箋述曰：「余考尋圖史，此蓋謂天之喜氣，識者嘉焉。昔如來創降迦維，慈氏將升睹史，龍神供養，天眾奉迎，雖不及往時，而遺法東流，未有若茲之盛也。」

壬辰，法師謁文武聖皇帝於洛陽宮。二月己亥，見於儀鸞殿，帝迎慰甚厚。既而坐訖，帝曰：「師去何不相報？」法師謝曰：「玄奘當去之時，以再三表奏，但誠願微淺，不蒙允許。無任慕道之至，乃輒私行，專擅之罪，唯深慚懼。」帝曰：「師出家與俗殊隔，然能委命求法，惠利蒼生，朕甚嘉焉，亦不煩為愧。但念彼山川阻遠，方俗異心，怪師能達也。」法師對曰：「玄奘聞乘疾風者，造天池而非遠；御龍舟者，涉江波而不難。自陛下掘乾符，清四海，德籠九域，仁被八區，淳風扇炎景之南，聖威振蔥山之外，所以戎夷君長，每見雲翔之鳥自東來者，猶疑發於上國，斂躬而敬之，況玄奘圓首方足，親承育化者也。既賴天威，故得往還無難。」帝曰：「此自是師長者之言，朕何敢當也。」因廣問彼事。自雪嶺已西，印度之境，玉燭和氣，物產風俗，八王故跡，四佛遺蹤，並博望之所不傳，班、馬無得而載。法師既親遊其地，觀覽疆邑，耳聞目覽，記憶無遺，隨問訓對，皆有條理。帝大悅。謂侍臣曰：「昔符堅稱釋道安為神器，舉朝尊之。朕今觀法師詞論典雅，風節貞峻，非唯不愧古人，亦乃出之更遠。」時趙國公長孫無忌〔註181〕對曰：「誠如聖旨。臣嘗讀《三十國春秋》，見敘安事，實是高行博物之僧。但彼時佛法來近，經、論未多，雖有鑽研，蓋其條葉，非如法師躬窺淨域，討眾妙之源，究泥洹之跡者

〔註181〕長孫無忌：字輔機，河南洛陽人，唐初大臣，凌煙閣二十四功臣之首。《舊唐書》卷六十五、《新唐書》卷一百五有傳。

矣。」帝曰：「公言是也。」

帝又謂法師曰：「佛國邈遠，靈跡法教，前史不能委詳，師既親睹，宜修一傳，以示未聞。」帝又察法師堪公輔之寄，因勸罷道，助秉俗務。法師謝曰：「玄奘少踐緇門，伏膺佛道，玄宗是習，孔教未聞。今遣從俗，無異乘流之舟使棄水而就陸，不唯無功，亦徒令腐敗也。願得畢身行道，以報國恩，即玄奘之幸甚。」如是固辭乃止。

時帝將問罪遼濱，天下之兵已會於洛，軍事忙迫，聞法師至，令引入朝，期暫相見，而清言既交，遂不知日晷。趙國公長孫無忌奏稱法師停在鴻臚，日暮恐不及。帝曰：「匆匆言猶未盡意，欲共師東行省方觀俗，指麾之外，別更談敘，師意如何？」法師謝曰：「玄奘遠來，兼有疾疹，恐不堪陪駕。」帝曰：「師尚能孤遊絕域，今此行蓋同跬步，安足辭焉？」法師對曰：「陛下東征，六軍奉衛，罰亂國，誅賊臣，必有牧野之功，昆陽之捷。玄奘自度，終無裨助行陣之效，虛負途路費損之慚，加以兵戎戰鬥，律制不得觀看。既佛有此言，不敢不奉。伏願天慈哀矜，即玄奘幸甚。」帝信納而止。

法師又奏云：「玄奘從西域所得梵本六百餘部，一言未譯，今知此嵩嶽之南少室山北有少林寺，遠離塢落，泉石清閒，是後魏孝文皇帝所造，即菩提留支三藏翻譯經處。玄奘望為國就彼翻譯，伏聽敕旨。」帝曰：「不須在山，師西方去後，朕奉為穆太后於西京造弘福寺，寺有禪院甚虛靜，法師可就翻譯。」法師又奏曰：「百姓無知，見玄奘從西方來，妄相觀看，遂成闐闐，非直違觸憲網，亦為妨廢法事，望得守門以防諸過。」帝大悅曰：「師此意可謂保身之言也，當為處分。師可三五日停憩，還京就弘福安置。諸有所須，一共玄齡平章。」自是辭還矣。

三月己巳，法師自洛陽還至長安，即居弘福寺。將事翻譯。乃條疏所須證義、綴文、筆受、書手等數，以申留守司空梁國公玄齡，玄齡遣所司具狀發使定州啟奏。令旨依所須供給，務使周備。

夏六月戊戌，證義大德諳解大小乘經、論為時輩所推者，一十二人至，即京弘福寺沙門靈潤、沙門文備、羅漢寺沙門慧貴、實際寺沙門明琰、寶昌寺沙門法祥、靜法寺沙門普賢、法海寺沙門神昉、廓州法講寺沙門道深、汴州演覺寺沙門玄忠、蒲州普救寺沙門神泰、綿州振向寺沙門敬明、益州多寶寺沙門道因等。又有綴文大德九人至，即京師普光寺沙門棲玄、弘福寺沙門明、會昌寺沙門辯機、終南山豐德寺沙門道宣、簡州福聚寺沙門靜邁、蒲州

普救寺沙門行友、棲岩寺沙門道卓、幽州昭仁寺沙門慧立、洛州天宮寺沙門玄則等。又有字學大德一人至，即京大總持寺沙門玄應，又有證梵語、梵文大德一人至，即京大興善寺沙門玄暮。目余筆受、書手，所司供料等並至。

丁卯，法師方操貝葉開演梵文，創譯《菩薩藏經》、《佛地經》、《六門陀羅尼經》、《顯揚聖教論》等四部，其翻《六門經》當日了，《佛地經》至辛巳了，《菩薩藏經》、《顯揚論》等歲暮方訖。

二十年春正月甲子，又譯《大乘阿毗達磨雜集論》，至二月訖。又譯《瑜伽師地論》。

秋七月辛卯，法師進新譯經、論現了者，表曰：「沙門玄奘言。竊聞八正之旨，實出苦海之津梁，一乘之宗，誠升涅槃之梯蹬。但以物機未熟，致蘊蔥山之西，經胥庭而莫聞，歷周、秦而靡至，暨乎摩騰入洛，方被三川，僧會遊吳，始沾荊、楚。從是已來，遂得人修解脫之因，家樹菩提之業，固知傳法之益，其利博哉。次復嚴、顯求經，澄什繼譯，雖則玄風日扇，而並處偽朝。唯玄奘輕生，獨逢明聖，所將經、論咸得奏聞。蒙陛下崇重聖言，賜使翻譯，比與義學諸僧等專精夙夜，無墮寸陰，雖握管淹時，未遂終訖。已絕筆者，見得五部五十八卷，名曰《大菩薩藏經》二十卷，《佛地經》一卷，《六門陀羅尼經》一卷，《顯揚聖教論》二十卷，《大乘阿毗達磨雜集論》一十六卷，勒成八袠，繕寫如別，謹詣闕奉進。玄奘又竊見弘福寺尊像初成，陛下親降鑾輿，開青蓮之目，今經、論初譯，為聖代新文，敢緣前義，亦望曲垂神翰，題制一序，讚揚宗極。冀沖言奧旨與日月齊明，玉字銀鉤將乾坤等固，使百代之下誦詠不窮，千載之外瞻仰為絕。

前又洛陽奉見日，敕令法師修《西域記》〔註182〕，至是而成。

乙未，又表進曰：「沙門玄奘言。竊尋蟠木幽陵，云官記軒皇之壤。流沙滄海，夏載著伊堯之域。西母白環，薦垂衣之主；東夷楛矢，奉刑措之君。固以飛英曩代，式徵前典。伏惟陛下握紀乘時，提衡制範，剡舟弦木，威天下而濟群生，鰲足蘆灰，堙方輿而補圓蓋，耀武經於七德，闡文教於十倫，澤遍泉源，化沾蕭葦，房芝發秀，浪井開花。樂囿馴班，巢阿響律，浮紫膏於貝闕，霏白雲於玉撿。遂苑弱木而池蒙泛，圃炎火而照積冰，梯赤阪而承朔，泛滄津而委贐，史曠前良，事絕故府，豈如漢開張棭，近接金城，秦戍桂林，才通珠浦而已。玄奘幸屬天地貞觀，華夷靜謐，冥心梵境，敢符好事，命均朝露，

〔註182〕即《大唐西域記》。

力譬秋蚉。徒以憑假皇靈，飄身進影，展轉膜拜之鄉，流離重驛之外，條支巨穀，方驗前聞，罽賓孤鸞，還稽曩實。時移歲積，人願天從，遂得下雪岫而泛提河，窺鶴林而觀鷲嶺，祇園之路仿像猶存，王城之基坡陀尚在。尋求歷覽，時序推遷，言返帝京，淹逾一紀，所聞所履，百有二十八國。竊以章彥之所踐藉，空陳廣袤，夸父之所凌厲，無述土風。班超侯而未遠，張騫望而非博。今所記述，有異前聞。雖未極大千之疆，頗窮蔥外之境，皆存實錄，匪敢雕華。謹具編裁，稱為《大唐西域記》，凡一十二卷，繕寫如別。望班之右筆，飾以左言，掩博物於晉臣，廣九丘於皇代。但玄奘資識淺短，遺漏實多，兼拙於筆語，恐無足觀覽。

丙申，神筆自答書曰：「省書具悉來意。法師夙摽高行，早出塵表，泛寶舟而登彼岸，搜妙道而闢法門，弘闡大猷，蕩滌眾罪，是故慈雲欲卷，舒之蔭四空，慧日將昏，朗之照八極，舒朗之者，其唯法師乎！朕學淺心拙，在物猶迷，況佛教幽微，豈能仰測，請為經題，非己所聞。又云其新撰《西域記》者，當自披覽。敕奘尚。」

丁酉，法師重表曰：「沙門玄奘言。伏奉墨敕，猥垂獎喻，只奉綸言，精守振越。玄奘業行空疏，謬參緇侶，幸屬九瀛有截，四表無虞，憑皇靈以遠征，恃國威而訪道，窮遐冒險，雖勵愚誠，纂異懷荒，實資朝化。所獲經、論，蒙遣翻譯，見成卷軸，未有詮序。伏惟陛下睿思雲敷，天花景爛，理包係象，調逸成英，跨千古以飛聲，掩百王而騰實，竊以神力無方，非神思不足銓其理，聖教玄遠，非聖藻何以序其源。故乃冒犯威嚴，敢希題目，宸眷沖邈，不垂矜許，撫躬累息，相顧失圖。玄奘聞日月麗天，既分暉於戶牖，江河紀地，亦流潤於岩崖，雲和廣樂，不秘響於聾昧，金璧奇珍，豈韜彩於愚瞽。敢緣斯理，重以千祈。伏乞雷雨曲垂，天文俯照，配兩儀而同久，與二曜而俱懸。然則鷲嶺微言，假神筆而弘遠，雞園奧典，託英詞而宣暢，豈止區區梵眾，獨荷恩榮，蠢蠢迷生，方超塵累而已。自此方許。

二十二年春，駕幸玉華宮。夏五月甲午，翻《瑜伽師地論》訖，凡一百卷。

六月庚辰，敕追法師赴宮。比發在途，屢有使至令緩進，無得勞損。既至，見於玉華殿，甚歡。帝曰：「朕在京苦暑，故就此山宮，泉石既涼，氣力稍好，能省覽機務。然憶法師，故遣相屈，涉途當大勞也。」法師謝曰：「四海黎庶。依陛下而生，聖躬不安則率土惶。伏聞鑾輿至此，御膳休宜，凡預含

靈，孰不蹈舞。願陛下永保崇高，與天無極。玄奘庸薄，猥蒙齒召，銜荷不覺為勞。」

帝以法師學業該贍，儀韻淹深，每思逼勸歸俗，致之左右，共謀朝政。往於洛陽宮奉見之際，以親論之。至是又言曰：「昔堯、舜、禹、湯之君，隆周、炎漢之主，莫不以為六合務廣，萬機事殷，兩目不能遍鑒，一心難為獨察，是以周憑十亂，舜託五臣，翼亮朝猷，弼諧邦國。彼明王聖主猶仗群賢，況朕寡闇而不寄眾恝者也？意欲法師脫須菩提之染服，掛維摩詰之素衣，升鉉路以陳謨，坐槐庭而論道，於意何如？」法師對曰：「陛下言六合務廣，三五之君不能獨守，寄諸賢哲共而成之。仲尼亦云，君失臣得，故君為元首，臣為股肱。玄奘謂此言將誠中庸，非為上智。若使有臣皆得，桀紂豈無臣耶？以此而推，不必由也。仰惟陛下上智之君，一人紀綱，萬事自得其緒，況撫運以來，天地休平，中外寧晏，皆是陛下不荒、不淫、不麗、不侈，兢兢業業，雖休勿休，居安思危，為善承天之所致也，余何預哉！請辨二三以明其事陛下經緯八宏之略，驅駕英豪之才，克定禍亂之功，崇闡雍熙之業，聰明文思之德，體元合極之姿，皆天之所授，無假於人，其義一也。敦本棄末，尚仁尚禮，移澆風於季俗，反淳政於上皇，賦遵薄制，刑用輕典，九州四海稟識懷生，俱沐恩波，咸遂安樂，此又聖心聖化，無假於人，其義二也。至道旁通，深仁遠洽，東逾日域，西邁昆丘，南盡炎洲，北窮玄塞，雕蹄鼻飲之俗，卉服左衽之人，莫不候雨瞻風，稽顙屈膝，獻珍貢寶，充委夷邸，此又天威所感，無假於人，其義三也。玁狁為患，其來自久，五帝所不臣，三王不能制，遂使河、洛為被髮之野，酆、鄗為鳴鏑之場，中國陵遲，凶奴得志，殷周已來不能攘弭。至漢武窮兵，衛、霍盡力，雖收枝葉，根本猶存。自後以來，不聞良策，及陛下御圖，一徵斯殄，傾巢倒穴，無復孑遺，瀚海、燕然之域併入堤封，單于弓騎之人俱充臣妾。若言由臣，則虞、夏已來賢輔多矣，何因不獲？故知有道斯得，無假於人，其義四也。高麗小蕃，失禮上國，隋帝總天下之師，三自徵罰，攻城無傷半揲，野掠不獲一人，虛喪六軍，狼狽而反。陛下暫行，將數萬騎，摧駐蹕之強陣，破遼、蓋之堅城，振旅凱旋，俘馘三十萬眾。用兵御將，其道不殊，隋以之亡，唐以之得，故知由主，無假於人，其義五也。又如天地交泰，日月光華，和氣氤氳，慶雲紛鬱，五靈見質，一角呈奇，白狼、白狐，朱鷺、朱草，昭彰雜沓，無量億千，不能遍舉，皆是應德而至，無假於人。乃欲比喻前王，寄功十亂，竊為陛下不取。縱復須人，今亦伊、呂

多矣。玄奘庸陋，何足以預之。至於守戒緇門，闡揚遺法，此其願也，伏乞天慈，終而不奪。」帝甚悅，謂法師曰：「師向所陳，並上玄垂祐，及宗廟之靈，卿士之力，朕安能致也。既欲敷揚妙道，亦不違高志，可努力，今日已後，亦當助師弘道。」

釋彥悰箋曰：「法師才兼內外，臨機酬答，其辯洽如是，難哉！昔道安陳諫，符堅之駕不停，恒標奮辭，姚興之心莫止，終致敗軍之辱，逃遁之勞，豈如法師雅論才申，皇情允塞，清風轉潔，美志踰貞。以此而言，可不煩月且而優劣見矣。」

時中書令褚遂良〔註183〕奏曰：「今四海廓清，九域寧晏，皆陛下聖德，實如師言，臣等備位而已。日月之下，螢燭何功。」帝笑曰：「不如此。夫珍裘非一狐之腋，大廈必眾材共成。何有君能獨濟？師欲自全雅操，故濫相光飾耳。」帝又問法師：「比翻何經、論？」答：「近翻《瑜伽師地論》訖，凡一百卷。」帝曰：「此論甚大，何聖所說，復明何義？」答曰：「論是彌勒菩薩說，明十七地義。」又問：「何名十七地？」答：「謂五識相應地，意識相應地，有尋有伺地，無尋唯伺地，無尋無伺地，三摩呬多地，非三摩呬多地，有心地，無心地，聞所成地，思所成地，修所成地，聲聞地，獨覺地，菩薩地，有餘依地，無餘依地。」及舉綱提目，陳列大義。帝深愛焉。遣使向京取《瑜伽論》。《論》至，帝自詳覽，睹其詞義宏遠，非從來所聞，歡謂侍臣曰：「朕觀佛經譬猶瞻天俯海，莫測高深。法師能於異域得是深法，朕比以軍國務殷，不及委尋佛教。而今觀之，宗源杳曠，靡知涯際，其儒道九流比之，猶汀瀅之池方溟渤耳。而世云三教齊致，此妄談也。」因敕所司簡秘書省書手寫新翻經、論為九本，與雍、洛、并、兗、相、荊、楊、涼、益等九州展轉流通，使率土之人同稟未聞之義。

時司徒趙公長孫無忌、中書令褚遂良等奏曰：「臣聞佛教沖玄，天人莫測，言本則甚深，語門則難入。伏惟陛下至道昭明，飛光昱日，澤沾遐界，化溢中區，擁護五乘，建立三寶，故得法師當叔葉而秀質，間千載而挺生，陟重阻以求經，履危途而訪道。見珍殊俗，具獲真文，歸國翻宣，若庵園之始說，精文奧義，如金口之新開，皆是陛下聖德所感。臣等愚瞽，預此見聞，苦海波瀾，

〔註183〕褚遂良：字登善，祖籍河南陽翟（今河南禹州），晉末南遷為杭州錢塘（今浙江杭州西）人，父褚亮，秦王李世民文學館十八學士之一。《舊唐書》卷七十九、《新唐書》卷一百五有傳。

舟航有寄。又天慈廣遠，使布之九州，蠢蠢黔黎，俱食妙法。臣等億劫希逢，不勝幸甚。」帝曰：「此是法師大悲願力，又公等宿福所逢，非朕獨所致也。」

帝先許作新經序，機務繁劇，未及措意。至此法師重啟，方為染翰。少頃而成，名《大唐三藏聖教序》，凡七百八十一字，神筆自寫，敕貫眾經之首。帝居慶福殿，百官侍衛，命法師坐，使弘文館學士上官儀〔註184〕以所製序對群僚宣讀，霞煥錦舒極，褒揚之致。其詞曰：「蓋聞二儀有像，顯覆載以含生，四時無形，潛寒暑以化物。是以窺天鑒地，庸愚皆識其端，明陰洞陽，賢哲罕窮其數。然而天地包乎陰陽而易識者，以其有像也；陰陽處乎天地而難窮者，以其無形也。故知象顯可徵，雖愚不惑，形潛莫睹，在智猶迷，況乎佛道崇虛，乘幽控寂，弘濟萬品，典御十方，舉威靈而無上，抑神力而無下，大之則彌於宇宙，細之則攝於毫釐，無滅無生，歷千劫而不古，若隱若顯，運百福而長今，妙道凝玄，遵之莫知其際。法流湛寂，挹之莫測其源，故知蠢蠢凡愚，區區庸鄙，投其旨趣，能無疑惑者哉。然則大教之興，基乎西土，騰漢庭而皎夢，照東域而流慈。昔者分形分跡之時，言未馳而成化，當常現常之世，人仰德而知遵。及乎晦影歸真，遷儀越世，金容掩色，不鏡三千之光，麗像開圖，空端四八之相。於是微言廣被，拯含類於三途，遺訓遐宣，導群生於十地。然而真教難仰，莫能一其旨歸，曲學易遵，邪正於焉紛糾。所以空有之論，或習俗而是非，大小之乘，乍沿時而隆替。有玄奘法師者，法門之領袖也。幼懷貞敏，早悟三空之心，長契神情，先包四忍之行。松風水月未足比其清華，仙露明珠詎能方其朗潤，故以智通無累，神測未形，超六塵而迥出，只千古而無對。凝心內境，悲正法之陵遲，棲慮玄門，慨深文之訛謬。思欲分條析理，廣彼前聞，截偽續真，開茲後學。是以翹心淨土，往遊西域，乘危遠邁，杖策孤征。積雪晨飛，塗間失地，驚沙夕起，空外迷天，萬里山川。撥煙霞而進影，百重寒暑，躡霜露而前蹤。誠重勞輕，求深願達。周遊西宇，十有七年，窮歷道邦，詢求正教。雙林、八水，味道餐風，鹿苑、鷲峰，瞻奇仰異，承至言於先聖，受真教於上賢，探賾妙門，精窮奧業，一乘五律之道，馳驟於心田；八藏三篋之文，波濤於口海。爰自所歷之國，總將三藏要文，凡六百五十七部，譯布中夏，宣揚勝業，引慈雲於西極，注法雨於東垂，聖教缺而復全，蒼生罪而還福，濕火宅之乾焰，共拔迷途，朗愛水之昏波，同臻彼岸。是知惡因業

〔註184〕上官儀：字遊韶，陝州陝縣（今河南三門峽陝縣）人，唐明臣。《舊唐書》
　　　　卷八十、《新唐書》卷一百五有傳。

墜，善以緣升，升墜之端，唯人所託。譬夫桂生高嶺，雲露方得法其華，蓮出綠波，飛塵不能污其葉。非蓮性自潔而桂質本貞，良由所附者高則微物不能累，所憑者淨則濁類不能沾。夫以卉木無知，猶資善而成善，況乎人倫有識，不緣慶而成慶？方冀茲經流施，將日月而無窮，斯福遐敷，與乾坤而永大。」

時法師既奉《序》，表謝曰：「沙門玄奘言。竊聞六爻探賾，局於生滅之場，百物正名，未涉真如之境，猶且遠征羲冊，睹奧不測其神，遐想軒圖，歷選並歸其美。伏惟皇帝陛下玉毫降質，金輪御天，廓先王之九州，掩百千之日月，廣列代之區域，納恒沙之法界。遂使給園精舍併入堤封，貝葉靈文咸歸冊府。玄奘往因振錫，聊謁崛山，經途萬里，恃天威如咫步，匪乘千葉，詣雙林如食頃。搜揚三藏，盡龍宮之所儲，研究一乘，窮鷲嶺之遺旨，並已載於白馬，還獻紫宸。尋蒙下詔，賜使翻譯。玄奘識乖龍樹，謬忝傳燈之榮，才異馬鳴，深愧瀉瓶之敏。所譯經、論，紕舛尤多，遂荷天恩，留神構序。文超象、繫之表，理括眾妙之門。忽以微生親承梵向，踊躍歡喜，如聞受記，無任欣荷之極。謹奉表詣闕陳謝以聞。」帝省表後，手報書曰：「朕才謝圭璋，言慚博達，至於內典，尤所未聞。昨製序文，深為鄙拙，唯恐穢翰墨於金簡，標瓦礫於珠林。忽得來書，謬承褒贊，循躬省慮，彌益厚顏。蓋不足稱，空勞致謝。」

二十二年夏六月天，皇大帝居春宮，奉睹聖文，又制《述聖記》，其詞曰：「夫顯揚正教，非智無以廣其文；崇闡微言，非賢莫能定其旨。蓋真如聖教者，諸法之玄宗，眾經之軌躅也。綜括宏遠，奧旨遐深，極空有之精微，體生滅之機要。詞茂道曠，尋之者不究其源，文顯義幽，履之者莫測其際。故知聖慈所被，業無善而不臻，妙化所敷，緣無惡而不剪。開法網之綱紀，弘六度之正教，拯群有之塗炭，啟三藏之秘局。是以名無翼而長飛，道無根而永固。道名流慶，歷遂古而鎮常；赴感應身，經塵劫而不朽。晨鐘夕梵，交二音於鷲峰，慧日法流，轉雙輪於鹿苑。排空寶蓋，接翔雲而共飛，莊野春林，與天花而合彩。伏惟皇帝陛下，上玄資福，垂拱而治八荒；德被黔黎，斂衽而朝萬國。恩加朽骨，石室歸貝葉之文；澤及昆蟲，金匱流梵說之偈。遂使阿耨達水通神甸之八川，耆闍崛山接嵩、華之翠嶺。竊以法性凝寂，靡歸心而不通；智地玄奧，感懇誠而遂顯。豈謂重昏之夜，燭慧炬之光，火宅之朝，降法雨之澤。於是百川異流，同會於海，萬區分義，總成乎實。豈與湯、武校其優劣，堯、舜比其聖德者哉。玄奘法師者，夙懷聰令，立志夷簡，神清齠齔之年，體

拔浮華之世，凝情定室，匿跡幽岩，迢息三禪，巡遊十地，超六塵之境，獨步迦維，會一乘之旨，隨機化物。以中華之無質，尋印度之真文，遠涉恒河，終期滿字。頻登雪嶺，更獲半珠。問道往還，十有七載，備通釋典，利物為心。以貞觀十九年二月六日，奉敕於弘福寺翻譯聖教要文，凡六百五十七部。引大海之法流，洗塵勞而不竭，傳智燈之長焰，皎幽闇而恒明，自非久植勝緣，何以顯揚斯旨。所謂法性常住，齊三光之明，我皇福臻，同二儀之固。伏見御製眾經論序，照古騰今，理含金石之聲，文抱風雲之潤。治輒以輕塵足嶽，墜露添流，略舉大綱，以為斯記。」

法師進啟謝曰：「玄奘聞七耀摛光，憑高天而散景；九河灑潤，因厚地而通流。是知相資之美，處物既然，演法依人，理在無惑。伏惟皇太子殿下發揮睿藻，再述天文，讚美大乘，莊嚴實相。珠回玉轉，霞爛錦舒，將日月而聯華，與咸韶而合韻。玄奘輕生多幸，沐浴殊私，不任銘佩，奉啟陳謝。」

時降令答法師書曰：「治素無才學，性不聰敏。內典諸文殊未觀覽，所作序記鄙拙尤繁。忽得來書，褒揚讚述，撫躬自省，慚悚交並。勞師等遠臻，深以為愧。」

釋彥悰箋述曰：「自二聖序文出後，王公、百辟、法、俗、黎庶手舞足蹈，歡詠德音，內外揄揚，未浹辰而周六合，慈雲再蔭，慧日重明，歸依之徒波回霧委，所謂上之化下，猶風靡草，其斯之謂乎！如來所以法付國王，良為此也。」

時弘福寺寺主圓定及京城僧等，請鐫二序文於金石，藏之寺宇，帝可之。後寺僧懷仁等，乃鳩集晉右軍將軍王羲之書，勒於碑石焉。

庚辰，皇太子以文德聖皇后早棄萬方，思報昊天，追崇福業，使中大夫守右庶子臣高季輔宣令曰：「寡人不造，咎譴所鍾，年在未識，慈顏棄背，終身之憂，貫心滋甚，風樹之切，刻骨冥深。每以龍忌在辰，歲時興感，空懷陟屺之望，益疚寒泉之心。既而笙歌遂遠，瞻奉無逮，徒思昊天之報，罔寄烏鳥之情。竊以覺道洪慈，使資冥福，冀申孺慕，是用歸依。宜令所司於京城內舊廢寺妙選一所，奉為文德聖皇后即營僧寺。寺成之日，當別度僧，仍令挾帶林泉，務盡形勝。仰規忉利之果，副此罔極之懷。」

於是有司詳擇勝地，遂於宮城南晉昌裏，面曲池，依淨覺故伽藍而營建焉。瞻星揆地，像天闕，仿給園，窮班，倕巧藝，盡衡霍、良木，文石梓桂橡樟梓欄充其材，珠玉丹青赭堊金翠備其飾。而重樓復殿，雲閣洞房，凡十餘

院，總一千八百九十七間，床褥器物，備皆盈滿。

文武聖皇帝又讀法師所進《菩薩藏經》，美之，因敕春宮作其經後序。其詞曰：「蓋聞羲皇至積，精粹止於龜文；軒後通幽，雅奧窮於鳥篆。考丹書而索隱，殊昧實際之源；徵綠錯以研幾，蓋非常樂之道。猶且事光圖史，振薰風於八埏；德洽生靈，激波瀾於萬代。伏惟皇帝陛下轉輪垂拱而化漸雞園，勝殿凝旒而神交鷲嶺，總調御於徽號，匪文思之所窺；綜波若於綸言，豈係像之能擬。由是教覃溟表，咸傳八解之音，訓浹寰中，皆踐四禪之軌。遂使三千法界，盡懷生而可期；百億須彌，入堤封而作鎮。尼連德水邇帝里之滄池，舍衛庵園接上林之茂苑。雖復法性空寂，隨感必通，真乘深妙，無幽不闡。所謂大權御極，導法流而靡窮；能仁撫運，拂劫石而無盡，體均具相，不可思議，校美前王，焉可同年而語矣。爰自開闢，地限流沙，震旦未融，靈文尚隱。漢王精感，託夢想於玄霄；晉後翹誠，降修多於白馬。有同蠡酌，豈達四海之涯；取譬管窺，寧窮七曜之隩。洎乎皇靈遐暢，威加鐵圍之表；至聖發明，德被金剛之際。恒沙國土，普襲衣冠，開解脫門，踐真實路，龍宮梵說之偈必萃清臺，猊吼貝葉之文咸歸冊府。灑茲甘露，普潤芽莖，垂此慧雲，遍沾翾走，豈非歸依之勝業，聖政之靈感者乎！《菩薩藏經》者，大覺義宗之要旨也。佛修此道，以證無生；菩薩受持，咸登不退。六波羅蜜關鍵所資，四無量心根力斯備。蓋彼岸之津涉，正覺之梯航者焉。貞觀中年，身毒歸化，越熱阪而頒朔，跨懸度以輸踪。文軌既同，道路無擁。沙門玄奘振錫尋真，出自玉關，長驅奈苑，至於天竺力士生處，訪獲此經，歸而奏上，降詔翻譯，於是畢功。余以問安之暇，澄心妙法之寶，奉述天旨，微表讚揚，式命有司綴於終卷。」自是帝既情信日隆，平章法義，福田功德無輟於口，與法師無暫相離，敕加供給，及時服臥具數令換易。

秋七月景申，夏罷，又施法師納袈裟一領，價直百金。觀其作制，都不知針線出入所從。

帝庫內多有前代諸納，咸無好者，故自教後宮造此，將為稱意，營之數歲方成，乘輿四巡，恒將隨逐。二十二年，駕幸洛陽宮，時蘇州道恭法師、常州慧宣法師並有高行，學該內外，為朝野所稱。帝召之，既至，引入坐言訖，時二僧各披一納，是梁武帝施其先師，相承共寶。既來謁龍顏，故取披服。帝哂其不工，取納令示，仍遣賦詩以詠。恭公詩曰：「福田資像德，聖種理幽薰。不持金作縷，還用彩成文。朱青自掩映，翠綺相氛氳，獨有離離葉，恒向稻畦

分。」宣公詩末云：「如蒙一披服，方堪稱福田。」意欲之。帝並不與，各施絹五十匹，即此納也。傳其麗絕，豈常人所宜服用，唯法師盛德當之矣。時並賜法師剃刀一口。法師表謝曰：「沙門玄奘伏奉敕賜納袈裟一領，剃刀一口。殊命薦臻，寵靈隆赫，恭對惶悸，如履春冰。玄奘幸遭邕穆之化，早預息心之侶，三業無紀，四恩靡答，謬回天眷，濫叨雲澤。忍辱之服彩合流霞，智慧之刀錯逾切玉。謹當衣以降煩惱之魔，佩以斷塵勞之網。起余譏於彼己，懼空疏於冒榮。慚恧屏營，趁承俯僂，鞠心局蹐，精爽飛越。不任悚荷之至。謹奉表謝以聞。塵黷聖鑒，伏深戰慄。」

帝少勞兵事，纂曆之後又心存兆庶，及遼東征罰，櫛沐風霜，旋旆已來，氣力頗不如平昔，有優生之慮。既遇法師，遂留心八正，牆塹五乘，遂將息平復。帝因問曰：「欲樹功德，何最饒益？」法師對曰：「眾生寢惑，非慧莫啟。慧芽抽殖，法為其資。弘法由人，即度僧為最。」帝甚歡。

秋九月己卯，詔曰：「昔隋季失御，天下分崩，四海塗原，八埏鼎沸。朕屬當戡亂，躬履兵鋒，丞犯風霜，宿於馬上。比加藥餌猶未痊除，近日已來方就平復，豈非福善所感而致此休徵耶？京城及天下諸州寺宜各度五人，弘福寺宜度五十人。」計海內寺三千七百一十六所，計度僧尼一萬八千五百餘人。未此已前，天下寺廟遭隋季凋殘，緇侶將絕，蒙茲一度，並成徒眾。美哉君子所以重正言也。

帝又問：「《金剛般若經》一切諸佛之所從生，聞而不謗，功逾身命之施，非恒沙珍寶所及。加以理微言約，故賢達君子多愛受持，未知先代所翻，文義具不？」法師對曰：「此經功德實如聖旨，西方之人咸同愛敬。今觀舊經，亦微有遺漏。據梵本具云「能斷金剛般若」，舊經直云「金剛般若」。欲明菩薩以分別為煩惱，而分別之惑，堅類金剛，唯此經所詮無分別慧，乃能除斷，故曰「能斷金剛般若」，故知舊經失上二字。又如下文，三問闕一，二頌闕一，九喻闕三，如是等。什法師所翻舍衛國也，留支所翻婆伽婆者，少可。」帝曰：「師既有梵本，可更委翻，使眾生聞之具足。」然經本貴理，不必須飾文而乖義也。故今新翻《能斷金剛般若》，委依梵本，奏之，帝甚悅。

冬十月，車駕還京，法師亦從還。先是敕所司於北闕紫微殿西別營一所，號弘法院。既到，居之。晝則帝留談說，夜乃還院翻經。更譯無性菩薩所釋《攝大乘論》十卷，《世親論》十卷，《緣起聖道經》一卷，《百法明門論》一卷。

戊申皇大子又宣令曰：「營慈恩寺漸向畢功，輪奐將成，僧徒尚闕，伏奉敕旨度三百僧，別請五十大德同奉神居降臨行道。其新營道場宜名大慈恩寺，別造翻經院，虹梁藻井，丹青雲氣，瓊礎銅沓，金環華鋪，並加殊麗，令法師移就翻譯，仍綱維寺任。」法師既奉令旨，令充上座，進啟讓曰：「沙門玄奘啟。伏奉令旨以玄奘為慈恩寺上座。恭聞嘉令，心靈靡措，屏營累息，深增戰悚。玄奘學藝無紀，行業空疏，敢誓捐馨，方期光贊。憑恃皇靈，窮遐訪道，所獲經論，奉敕翻譯，情冀法流漸潤，克滋鼎祚，聖教紹宗，光華史冊。玄奘昔冒危途，久嬰痾疹，駑蹇力弊，恐不卒業，孤負國恩，有罰無赦。命知僧務，更貽重譴，魚鳥易性，飛沈失路。伏惟皇大子殿下仁孝天縱，愛敬因心，感風樹之悲，結寒泉之病，式建伽藍，將弘景福，匡理法眾，任在能人，用非其器，必有蹎僕。伏願睿情遠鑒，照弘法之福因，慈造曲垂，察愚鄙之忠款，則法僧無悔吝之咎，魚鳥得飛沈之趣。不任瀝懇之至，謹奉啟陳情，伏用慚惶，追增悚悸。

十二月戊辰，又敕太常卿江夏王道宗將九部樂，萬年令宋行質、長安令裴方彥各率縣內音聲，及諸寺幢帳，並使豫極莊嚴。己巳，旦集安福門街，迎像送僧入大慈恩寺。至是陳列於通衢，其錦綵軒輦，魚龍幢戲，凡一千五百餘乘，帳蓋三百餘事。先是內出繡畫等像二百餘軀，金銀像兩軀，金縷綾羅幡五百口，宿於弘福寺，並法師西國所將經、像、舍利等，爰自弘福引出，安置於帳座及諸車上，處中而進。又於像前兩邊各嚴大車，車上豎長竿懸幡，幡後即有師子神王等為前引儀。又莊寶車五十乘坐諸大德，次京城僧眾執持香華，唄讚隨後，次文武百官。各將侍衛部列陪從，大常九部樂挾兩邊，二縣音聲繼其後，而幢幡鍾鼓訇磕繽紛，眩日浮空，震曜都邑，望之極目不知其前後。皇太子遣率尉遲紹宗、副率王文訓領東宮兵千餘人充手力，敕遣御史大夫李乾祐為大使，與武侯相知撿挍。帝將皇太子、後宮等於安福門樓手執香爐目而送之，甚悅。衢路觀者數億萬人。經像至寺門，敕趙公、英公、中書褚令執香爐引入，安置殿內，奏九部樂，破陣舞及諸戲於庭，訖而還。

壬申，將欲度僧。辛未，皇太子與仗衛出宿故宅。後日旦，從寺南列羽儀而來，至門，下乘步入，百僚陪從。禮佛已，引五十大德相見，陳造寺所為意，發言嗚噎，酸感傍人，侍臣及僧無不哽泣，觀蒸蒸之情，亦今之舜也。言訖，升殿東閣，令少詹事張行成宣恩宥降京畿見禁囚徒，然後剃髮觀齋，及賜王公已下束帛訖。屏人下閣禮佛，與妃等巡歷廊宇。至法師房，制五言詩

帖於戶曰：「停軒觀福殿，遊目眺皇畿。法輪含日轉，花蓋接雲飛。翠煙香綺閣，丹霞光寶衣。幡虹遙合彩，空外迴分暉。蕭然登十地，自得會三歸。」觀訖還宮。是時緇素歡欣，更相慶慰，莫不歌玄風重盛，遺法再隆，近古以來未曾有也。其日敕追法師還北闕。

　　二十三年夏四月，駕幸翠微宮，皇太子及法師並陪從。既至處分之外，唯談玄論道，問因果報應，及西域先聖遺芳故跡，皆引經訓對。帝深信納，數攘袂歎曰：「朕共師相逢晚，不得廣興佛事。」帝發京時雖少違和，而神威睿慮無減平昔。至五月己巳，微加頭痛，留法師宿宮中。庚午，帝崩於含風殿。時秘不言，還京發喪，殯太極殿。其日皇太子即皇帝位於梓宮之側，踰年改元曰永徽，萬方號慟，加喪考妣。

　　法師還慈恩寺。自此之後，專務翻譯，無棄寸陰。每日自立程課，若晝日有事不充，必兼夜以續之。過乙之後方乃停筆。攝經已復禮佛行道，至三更暫眠，五更復起，讀誦梵本，朱點次第，擬明旦所翻。每日齋訖，黃昏二時講新經論，及諸州聽學僧等恒來決疑請義。既知上座之任，僧事復來諮稟。復有內使遣營功德，前後造一切經十部，夾紵寶裝像二百餘軀，亦令取法師進止。日夕已去，寺內弟子百餘人咸請教誡，盈廊溢廡，皆訓答處分無遺漏者。雖眾務輻湊，而神氣綽然，無所擁滯。猶與諸德說西方聖賢立義，諸部異端，及少年在此周遊講肆之事，高論劇談，竟無疲怠，其精敏強力，過人若斯。複數有諸王卿相來過禮懺，逢迎誘導，並皆發心，莫不捨其驕華，肅敬稱歎。

　　二年春正月壬寅，瀛州刺史賈敦賾、蒲州刺史李道裕、谷州刺史杜正倫、恒州刺史蕭銳因朝集在京，公事之暇，相命參法師請受菩薩戒。法師即授之，並為廣說菩薩行法，勸其事君盡忠，臨下慈愛，群公歡喜辭去，各捨淨財，共修書遣使參法師，謝聞戒法。其書曰：「竊聞身非欲食，如來受純陀之供，法無所求，淨名遂善德之請，皆為顯至理之常恒，示凡聖之無二。又是因機以接物，假相而弘道，為之者表重法之誠，受之者為行檀之福，豈曰心緣於彼此，情染於名利者哉！仰惟宿殖德本，非於三四五佛，深達法相，善識一十二部，獨悟真宗，遠尋聖蹟，遊崛山之淨土，浴恒水之清流，入深法界，求善知識，收至文於百代之後，探玄旨於千載之前，津梁庶品，不噭不昧，等施一切，無先無後。賾等識蔽二空，業淪三界，猶蠶絲之自纏，如井輪之不息。雖復順教生信，隨緣悟解，頂禮歸依，受持四句，隱身而為宴坐，厭苦而求常

樂，而遠滯無明，近昏至理，未能悟佛性之在身，知境界之唯識，心非無取，義涉有無，不能即八邪而入八正，行非道而通佛道。譬涉海而無津，猶面牆而靡見。昨因事際，遂得參奉，曲蒙接引，授菩薩戒。施以未曾有法，發其無上道心，一念破於無邊，四心盡於來際，菩提之種起自塵勞，火中生蓮曷足為喻。始知如來之性即是世間，涅槃之際不殊生死，行於波若便是不行，得彼菩提翻為無得。忽以小機預聞大教，頂受尋思，無量歡喜，然夫檀義攝六，法施為憂；尊位有三，師居其一。弘慈利物，雖類日月之無心；仰照懷恩，竊同葵藿之知感。大士聞法捐軀，非所企及，童子見佛奉土，輒敢庶幾。謹送片物表心，俱如別疏。所願照其誠懇，生其福田，受茲微施，隨意所與，使夫墜露添海，將渤澥而俱深；飛塵集嶽，與須彌而永固，可久可大，幸甚幸甚。春寒尚重，願動止休宜。謹遣白書，諸無所具。賈敦頤等和南。」其為朝賢所慕如是。

三年春三月，法師欲於寺端門之陽造石浮圖，安置西域所將經像，其意恐人代不常，經本散失，兼防火難。浮圖量高三十丈，擬顯大國之崇基，為釋迦之故跡。將欲營築，附表聞奏。敕使中書舍人李義府報法師云：「師所營塔功大，恐難卒成，宜用甎造。亦不願師辛苦，今已敕大內東宮、掖庭等七宮亡人衣物助師，足得成辦。」於是用甎，仍改就西院。其塔基面各一百四十尺，仿西域制度，不循此舊式也。塔有五級，並相輪露、槃凡高一百八十尺。層層中心皆有舍利，或一千、二千，凡一萬餘粒。上層以石為室。南面有兩碑，載二聖《三藏聖教序》、《記》，其書即尚書右僕射河南公褚遂良之筆也。初基塔之日，三藏自述誠願，略曰：「玄奘自惟薄祐，生不遇佛，復乘微善，預聞像教，倘生末法，何所歸依。又慶少得出家，目睹靈相，幼而慕法，耳屬遺筌。聞說菩薩所修行，思齊如不及；聞說如來所證法，仰止於身心。所以歷尊師授，博問先達，信夫漢夢西感，正教東傳，道阻且長，未能委悉，故有專門競執，多滯二常之宗，黨同嫉異，致乖一味之旨，遂令後學相顧，靡識所歸。是以面鷲山以增哀，慕常啼而假寐，潛祈靈祐，顯恃國威，決志出一生之域，投身入萬死之地。緣是聖蹟之處，備謁遺靈，但有弘法之人，遍尋正說。經一所，悲所見於未見；遇一字，慶所聞於未聞，故以身命余資，繕寫遺闕，既遂誠願，言歸本朝，幸屬休明，詔許翻譯。先皇道跨金輪，聲振玉鼓，紹隆象季，允膺付屬，又降發神衷，親裁《三藏》之序，今上春宮講道，復為《述聖》之記，可謂重光合璧，振彩聯華，渙污垂七耀之文，鏗鋐韻九成之奏。自

東都白馬，西明草堂，傳譯之盛，詎可同日而言者也。但以生靈薄運，共失所天，唯恐三藏梵本，零落忽諸，二聖天文，寂寥無紀，所以敬崇此塔，擬安梵本，又樹豐碑，鐫斯《序》、《記》，庶使巍峨永劫，願千佛同觀，氛氳聖蹟，與二儀齊固。時三藏親負簣畚，擔運甎石，首尾二周，功業斯畢。

夏五月乙卯，中印度國摩訶菩提寺大德智光、慧天等致書於法師。智光於大、小乘及彼外書、四韋陀、五明論等，莫不洞達。即戒賢法師門人之上首，五印度學者咸共宗焉。慧天於小乘十八部該綜明練，匠誘之德亦彼所推重，法師遊西域日常共切磋。彼雖半教有功，然未措心於方等，為其執守偏見，法師恒詆訶。曲女城〔註 185〕法集之時，又深折挫，彼亦愧伏。自別之後，欽佇弗忘，乃使同寺沙門法長將書，並齎讚頌及兩端，揄揚之心甚厚。其書曰：「微妙吉祥世尊金剛座所摩訶菩提寺諸多聞眾所共圍繞上座慧天，致書摩訶支那國於無量經律論妙盡精微木叉阿遮利耶：敬問無量少病少惱。我慧天苾芻今造佛大神變讚頌及諸經論比量智等，今附苾芻法長將往，此無量多聞老大德阿遮利耶智光亦同前致問，鄔波索迦日授稽首和南。今共寄白氎一雙，示不空心，路遠莫怪其少，願領。彼須經論，錄名附來，當為抄送木叉阿遮利耶，願知。」其為遠賢所慕如此。

五年春二月，法長辭還，又索報書。法師答，並信物。其書同文錄奏然後將付使人。其詞曰：「大唐國苾芻玄奘謹修書中印度摩揭陀國三藏智光法師座前。目一辭違，俄十餘載。境域迢遠，音徽莫聞。思戀之情，每增延結。彼苾芻法長至，蒙問，並承起居康豫，豁然目朗，若睹尊顏，踴躍之懷，筆墨難述。節候漸暖，不審信後何如？又往年使還，承正法藏大法師無常，奉問摧割，不能已已。嗚呼！可謂苦海舟沈，天人眼滅，遷奪之痛，何期速歟！惟正法藏植慶曩晨，樹功長劫，故得挺沖和之茂質，標懿傑之宏才，嗣德聖天，繼輝龍猛，重然智炬，再立法幢。撲炎火於邪山，塞洪流於倒海，策疲徒於寶所，示迷眾於大方，蕩蕩焉，巍巍焉，實法門之棟幹也。又如三乘半滿之教，

〔註 185〕曲女城：名稱來歷此國之所以名為「曲女城」，《大唐西域記》卷五曾有說明，該書謂：往時都城稱拘蘇摩補羅，王名梵授，生有千子、百女。時有一仙人，稱大樹仙人，居恒河側。見王女來河濱遊玩，遂起染著心，乃詣華宮，欲乞得一女。然王女等不願嫁此一貌如枯木之仙人。時，王恐累及其國，乃送一稚女。唯仙人見稚女不妍而懷怒，乃以惡咒使其餘之九十九女一時傴僂曲腰，因此而有『曲女城』之名。亦作羯若鞠闍，《佛國記》作罽饒夷城。位於恒河下游，今印度北方邦坎諾（也譯作卡瑙季）。

異道斷常之書，莫不韞綜胸懷，貫練心府。文繁節而克暢，理隱昧而必彰，故使內外歸依，為印度之宗袖。加以恂恂善誘，曉夜不疲，衢尊自盈，酌而不竭。玄奘昔因問道，得預參承，並荷指誨，雖曰庸愚，頗亦蓬依麻直。及辭還本邑，囑累尤深，殷勤之言，今猶在耳。方冀保安眉壽，式贊玄風，豈謂一朝奄歸萬古，追惟永往，彌不可任。伏惟法師夙承雅訓，早升堂室，攀戀之情當難可處，奈何奈何。有為法爾，當可奈何，願自裁抑。昔大覺潛暉，迦葉紹宣洪業，商那遷化，鞠多闡其嘉猷。今法將歸真，法師次任其事，唯願清詞妙辯，共四海而恒流，福智莊嚴，與五山而永久。玄奘所將經論，已翻《瑜伽師地論》等大小三十餘部，其《俱舍》、《順正理》，見譯未周，今年必了。即日大唐天子聖躬萬福，率土安寧，以輪王之慈，敷法王之化，所出經論，並蒙神筆製序，今所司抄寫，國內流行，爰至鄰邦亦俱遵習。雖居象運之末，而法教光華，邑邑穆穆，亦不異室羅筏誓多林之化也，伏願照知。又前渡信渡河失經一馱，今錄名如後，有信請為附來。並有片物供養，願垂納受。路遠不得多，莫嫌鮮薄。玄奘和南。」

又答慧天法師書曰：「大唐國苾芻玄奘謹致書摩訶菩提寺三藏慧天法師足下。乖別稍久，企仰唯深。音寄不通，莫慰傾渴。彼苾芻法長至，辱書敬承休豫，用增欣悅。又領白㲲兩端、讚頌一夾，來意既厚，寡德愧無以當，悚息悚息。節氣漸和，不知信後體何如也？想融心百家之論，迻慮九部之經，建正法幢，引歸宗之客，擊克勝鼓，挫鏷腹之賓，頡頏王侯之前，抑揚英俊之上，故多歡適也。玄奘庸弊，氣力已衰，又加念德欽仁，唯豐勞積。昔因遊方在彼，遇囑光儀。曲女城會，又親交論。當對諸王及百千徒眾，定其深淺。此立大乘之旨，彼豎半教之宗，往復之間，詞氣不無高下。務存正理，靡護人情，以此遞生凌觸。罷席之後，尋已豁然。今來使猶傳法師寄申謝悔，何懷固之甚也。法師學富詞清，志堅操遠，阿耨達水無以比其波瀾，淨末尼珠不足方其皦潔，後進儀表，屬在高人。願勗良規，闡揚正法。至如理周言極，無越大乘，意恨法師未為深信，所謂耽玩羊鹿，棄彼白牛，賞愛水精，舍頗胝寶，明明大德，何此惑之滯歟！又坏器之身，浮促難守，宜早發大心，莊嚴正見。勿使臨終方致嗟悔。今使還國，謹此代誠，並附片物，蓋欲示酬來意，未是盡其深心也。願知。」前還日渡信渡河，失經一馱，今錄名如別，請為附來。餘不能委述，苾芻玄奘謹呈。

六年夏五月庚午，法師以正譯之餘，又譯《理門論》。又先於弘福寺譯《因

明論》，此二論各一卷。大明立破方軌，現比量門，譯僚僧伍競造文疏。時譯經僧棲玄將其論示尚藥奉御呂才，才遂更張衒術，指其長短，作《因明注解立破義圖》，序曰：「蓋聞一消一息，範圍天地之儀，大哉至哉。變通交畫之紀，理則未弘於方外，事乃猶拘於域中。推渾元而莫知，窮陰陽而不測。豈聞象繫之表，猶開八正之門，形器之先，更弘二智之教者也。故能運空有而雙照，冥真俗而兩夷，泛六度於愛河，駕三車於火宅。是知法王法力，超群生而自在，自覺覺人，摧眾魔而獨悟，業運將啟，乃雷震而電耀，化緣斯極，亦火滅而薪盡。觀其應跡，若有去來，察此真常，本無生住。但以弘濟之道，有緣斯應，天祚明德，無遠不臻，是以萌蒂疇昔，神光聊見於曩時，祥瑞有歸，淨土咸款於茲日。伏惟皇唐之有天下也，運金輪而臨四有，握璿極而撫萬方，耀慧日於六天，蒸法雲於十地，西越流沙，遂荒妙樂之域，東漸於海，掩有歡喜之都。振聲教於無邊，通車書於有頂，遂使百億須彌既咸頌於望秩，三千法界亦共沐於皇風。故令五方印度改荒服於藁街，十八韋陀譯梵文於秘府。乃有三藏玄奘法師者，所謂當今之能仁也。聰慧夙成，該覽宏贍，德行純粹，律業翹勤，實三寶之棟樑，四眾之綱紀者也。每以釋教東遷，為日已久，或恐邪正雜擾，水乳不分，若不稽實相於迦維，驗真文於摩竭，何以成決定之藏，為畢竟之宗者乎。幸逢二儀交泰，四海無塵，遂得拂衣玄漠，振錫蔥嶺，不由味於蒟醬，直路夷通，豈藉佩於杜衡，遙途近易。於是窮河源於西域，涉恒水於東維，採貝葉於鷲山，窺金文於鶴樹。所歷諸國百有餘都，所獲經論向七百部，並傳以藩馹，聿歸上京，因得面奉聖顏，對揚宗極。此《因明論》者，即是三藏所獲梵本之內之一部也。理則包括於三乘，事乃牢籠於百法，研機空有之際，發揮內外之宗，雖詞約而理弘，實文微而義顯。學之者當生不能窺其奧，遊之者數載未足測其源。以其眾妙之門，是以先事翻譯，其有神泰法師、靖邁法師、明覺法師等，並以神機昭晢，志業兼該，博習群經，多所通悟，皆蒙別敕追赴法筵，遂得函丈請益，執卷承旨。三藏既善宣法要，妙盡幽深，泰法師等是以各錄所聞，為之義疏。詮表既定，方擬流通，無緣之徒多未聞見，復有棲玄法師者，乃是才之幼少之舊也。昔棲遁於嵩嶽，嘗狂步於山門，既筮仕於上京，猶曲眷於窮巷。自蒙修攝，三十餘年，切思之誠，二難俱盡。然法師節操精潔，戒行冰霜，學既照達於一乘，身非乃拘局於十誦。才既睹其清苦，時以開遮拆之。但以內外不同，行已各異，言戲之間，是非鋒起。師乃從容謂才曰：「檀越復研味於六經，探賾於百氏，推陰陽之愆伏，察律呂

之忽微，又聞生平未見《太玄》，詔問須臾即解，由來不窺象戲，試造旬日復成。以此有限之心，逢事即欲穿鑿，但以佛法，妙量謂未與彼同，雖復強學推尋，恐非措心之所，何因今將內論翻用見識者乎？」法師後逢《因明》創行，義趣幽隱，是以先寫一通，故將見遺。仍附書云：「此論極難，深究玄妙，比有聰明博識，聽之多不能解，今若復能通之，可謂內外俱悉矣。」其論既近至中夏，才實未之前聞，恥於被試不知，為復強加披閱。於是依極成而探深義，憑比量而求微旨，反覆再三，薄識宗趣。後復借得諸法師等三家義疏，更加究習，然以諸法師等雖復序致泉富，文理會通，既以執見參差，所說自相矛楯。義既同稟三藏，豈合更開二門，但由釁發蕭牆，故容外侮窺測。然佛以一音演說，亦許隨類各解，何必獨簡白衣，不為眾生之例。才以公務之餘，輒為斯注，至於三法師等所說，善者因而成之，其有疑者，立而破之，分為上、中、下三卷，號曰《立破注解》。其間墨書者即是論之本文，其朱書注者以存師等舊說，其下墨書注者，是才今之新撰，用決師等前義，凡有四十餘條，自郩已下，猶未具錄。至於文理隱伏稍難見者，仍畫為《義圖》，共相比挍，仍更別撰一方丈圖，獨存才之近注論。既外無人解，無處道聽途說，若言生而知之，固非才之望也。然以學無再請，尚曰傳燈，聞一知十，方稱殆庶。況乎生平不見，率爾輒事含毫，今既不由師資，注解能無紕紊。竊聞雪山夜叉說生滅法，丘井野獸歎未曾有，苟令所言合理，尚得天仙歸敬，才之所注庶幾於茲。法師等若能忘狐鬼之微陋，思句味之可尊，擇善而從，不簡真俗，此則如來之道不墜於地，弘之者眾，何常之有。必以心未忘於人我，義不察於是非，才亦扣其兩端，猶擬質之三藏。」

　　秋七月己巳，譯經沙門慧立聞而愍之，因致書於左僕射燕國於公論其利害曰：「立聞諸佛之立教也，文言奧遠，旨義幽深，等圓穹之廓寥，類滄波之浩汗。談真如之性相，居十地而尚迷，說小草之因緣，處無生其猶昧。況有縈纏八邪之網，沉淪四倒之流，而欲窺究宗因，辯其同異者，無乃妄哉。竊見大慈恩寺翻譯法師慧基早樹，智力夙成，行潔圭璋，操逾松，遂能躬遊聖域，詢稟微言，總三藏於胸懷，包四含於掌握，嗣清徽於曩哲，扇遺範於當今，實季俗之舟航，信緇林之龜鏡者也。所翻聖教已三百餘軸，中有小論，題曰《因明》，詮論難之旨歸，序折邪之軌式，雖未為玄門之要妙，然亦非造次之所知也。近聞尚藥呂奉御以常人之資，竊眾師之說，造《因明圖》，釋宗因義。不能精悟，好起異端，苟覓聲譽，妄為穿鑿，排眾德之正說，任我慢之偏心，媒

炫公卿之前，囂喧閭巷之側，不慚顏厚，靡倦神勞，再歷炎涼，情猶未已。然奉御於俗事少閒，遂謂真宗可了，何異鼴鼠見釜窖之堪陟，乃言昆、閬之非難，蛛蝥睹棘林之易羅，亦謂扶桑之可網，不量涯分，何殊此焉。抑又聞之，大音希聲，大辯若訥。所以淨名會理，杜口毗城。尼父德高，恂恂鄉黨。又叔度汪汪之稱，元禮摸楷之譽，亦未聞誇競自媒而獲搢紳之推仰也」云。立致書，其事遂寢。

冬十月丁酉，太常博士柳宣聞其事寢，乃作《歸敬書偈》，以檄譯經僧眾曰：「稽首諸佛，願護神威。當陳誠請，罔或尤譏。沈晦未悟，圓覺所歸。久淪愛海，舟楫攸稀。異執乖競，和合是依。去離取有，理絕過違。慢乖八正，戲入百非。取捨同辯，染淨混微。簡金去礫，琢玉褘輝。能仁普鑒，凝慮研幾。契誠大道，孰敢毀誹。諤諤崇德，唯唯浸衰。惟願留聽，庶有發揮。望矜惘惘，垂誨斐斐。歸敬曰：「昔能仁示現王宮，假歿雙樹，微言既暢，至理亦弘，剎土蒙攝受之恩，懷生沾昭蘇之惠。自佛樹西蔭，塔影東臨，漢、魏實為濫觴，符、姚盛其風采，自是名僧間出，賢達連鑣，慧日長懸，法輪恒馭。開鑿之功始自騰、顯，弘闡之力仍資什、安。別有單開遠適，羅浮、圖澄，近現趙、魏，粗言圭角，未可縷陳。莫不辯空有於一乘，論苦集於四諦，假銓明有，終未離於有為，息言明道，方契證於凝寂。猶執玄以求玄，是玄非玄；理因玄以忘玄，玄或是玄。義雖冥會幽途，事理絕於言象，然攝生歸寂，終藉筌蹄，亦既立言，是非鋒起，如彼戰爭，干戈競發，負者屏氣，勝者先鳴。故尚降魔，制諸外道，自非辯才，無畏答難有方，則物輩喧張，我等恥辱。是故專心適道，一意總持，建立法幢，只椎法鼓，旗鼓既正，則敵者殘摧，法輪既轉，能威不伏。若使望風旗靡，對難合膠，而能闡弘三寶，無有是處。尚藥呂奉御入空有之門，馳正見之路，聞持擬於昔賢，洞微侔於往哲。其詞辯，其義明，其德真，其行著，已沐八解之流，又悟七覺之分，影響成教，若淨名之詣庵園，聞道必求，猶波侖之歸無竭。意在弘宣佛教，立破《因明》之疏。若其是也，必須然其所長；如其非也，理合指其所短。今見僧徒雲集，並是採石他山。朝野俱聞呂君請益，莫不側聽瀉瓶，皆望蕩滌掉悔之源，銷屏疑忿之聚。」

有太史令李淳風者，聞而進曰：「僕心懷正路，行屬歸依，以實慧為大覺玄軀，無為是調御法體。然皎日麗天，實助上玄運用；賢僧闡法，實裨天師妙道。是所信受，是所安心。但不敢以黃葉為金，山雞成鳳，南郭濫吹，淄澠混流耳。或有異議，豈僕心哉！豈僕心哉！然鶴林已後，歲將二千，正法既遙，

末法初踐，玄理鬱而不彰，覺道寖將湮落。玄奘法師頭陀法界，遠達迦維，目擊道樹金河，仍睹七處八會，毗城、鷲嶺，身入彼邦，娑羅寶階仍驗虛實。至如歷覽王舍、檀特、恒河，如斯等輩，未易具言也。加之西域名僧莫不面論般若，東國疑義悉皆質之彼師，毗尼之藏既奉持而不捨，《毗曇》明義亦洞觀而為常，蘇妒路既得之於聲明，耨多羅亦剖斷於疑滯。法無大小，莫不韞之胸懷，理無深淺，悉能決之敏慮。故三藏之名振旦之所推定，摩訶之號乃羅衛之所共稱，名實之際，何可稱道。然呂君學識該博，義理精通，言行樞機，是所詳悉。至於陀羅佛法，稟自生知，無礙辯才，寧由伏習。但以《因明》義隱，所說不同，觸象各得其形，共器飯有異色。呂君既已執情，道俗企望指定。秋霜已降，側聽鐘鳴；法雲既敷，雷震希發。但龍象蹴踏，非驢所堪，猶緇服壺奧，白衣不踐，脫如龍種抗說，無垢釋疑，則苾芻悉曇，亦優婆能盡。輒附微志，請不為煩。若有滯疑，望諮三藏裁決。以所承稟傳示四眾則。正道克昌，覆障永絕，紹隆三寶，其在茲乎！過此已往，非復所悉。弟子柳宣白。」

　　庚子，譯經僧明濬答柳博士宣，以《還述頌》言其得失曰：「於赫大聖，覺種圓明。無幽不察，如響酬聲。弗資延慶，孰語歸誠。良導可仰，實引迷生。百川邪浪，一味吞併。物有取捨，正匪虧盈。八邪馳銳，四句爭名。飾非鑒是，抑重為輕。照日冰散，投珠水清。顯允上德，體道居貞。縱加譽毀，未動遺榮。昂昂令哲，鬱鬱含情。俟諸達觀，定此權衡。聊申俳俳，用簡英英。」還述曰：「頃於望表預瞻歸敬之詞，覽其雄文，煥乎何偉麗也。詳其致誠，哉豈不然歟。悲夫愛海滔天，邪山蔽日。封人我者顛墜其何已。恃慢結者沉淪而不窮，故六十二見。爭翳薈而自處，九十五道競扶仗以忘歸。如來以本願大悲，亡緣俯應，內圓四智，外顯六通，運十力以伏天魔，飛七辯而摧外道，竭茲愛海，濟稟識於三空，殄彼邪山，驅肖形於八正。指因示果，返本還源，大矣哉悲智妙用，無得而言焉。昔道樹登庸，被聲教於百億，堅林寢跡，振遺烈於三千。自佛日西傾，餘光東照，周感夜明之瑞，漢通宵夢之徵。騰、蘭爇慧炬於前，澄、什嗣傳燈於後。其於譯經弘法，神異濟時，高論降邪，安禪肅物。緝頹網者接武，維絕紐者肩隨，莫不夷夏欽風，幽明翼化，聯華靡替，可略而詳。惟今三藏法師蘊靈秀出，含章而體一味，瓶瀉以贍五乘，悲去聖之逾遠，憫來教之多闕，緬思圓義，許道以身，心口自謀，形影相弔，振衣警錫，討本尋源，出玉關而遠遊，指金河而一息。稽疑梵宇，探幽洞微，旋化神州，揚真殄謬。遺詮闕典大備茲辰，方等圓宗彌廣前烈。所明勝義，妙絕環中

之中；真性真空，極踰方外之外。以有取也，有取喪其真；就無求之，無求蠹其實。拂二邊之跡，忘中道之相，則累遣未易泊其深，重空何以臻其極。要矣妙矣，至哉大哉。契之於心，然後以之為法。在心為法，形言為教，法有自相共相，教乃遮詮表詮。粹旨沖宗，豈造次所能覶縷。法師凝神役智，詳本正末，緝熙玄籍，大啟幽關。秘希聲應扣擊之大小，廓義海納朝宗之鉅細。於是殊方碩德，異域高僧，伏膺問道，蓄疑請益。固已飲河滿腹，莫測其淺深；聆音駭聽，孰知其遠近。至於因明之道，現比蓋微，斯乃指初學之方隅，舉立論之幖幟。至若靈樞秘鍵，妙本成功，備諸奧冊，非此所云也。而呂奉御以風神爽拔，早擅多能，器宇該通，夙彰博物，戈獵開墳之典，鉤深壞壁之書，觸類而長，窮諸數術。振風飆於辯囿，擒光華於翰林，驤首雲中，先鳴日下。五行資其筆削，六位佇其高談，一覽《太玄》，應問便釋，再尋象戲，立試即成，實晉代茂先、漢朝曼倩，方今蔑如也。既而翱翔群略，綽有餘功，而敬慕大乘，夙敦誠信。比因友生戲爾，忽復屬想因明，不以師資，率己穿鑿，比決諸疏，指斥求非。誼議於朝廷，形言於造次。考其志也，固已難加；覈其知也，誠為可惑。此論以一卷成部，五紙成卷，研機三疏，向已一周。舉非四十，自無一是。自既無是而能言是，疏本無非而能言非。言非不非，言是不是。言是不是，是而恒非；言非不非，非而恒是。非非恒是，不為是所是；是是恒非，不為非所非。以茲貶失，致惑病諸。且據生因了因，執一體而亡二義；能了所了，封一名而惑二體。又以宗依宗，體留依去體以為宗；喻體喻依，去體留依而為喻。緣斯兩系，妄起多疑；迷一極成，謬生七難。但以鑽窮二論，師已一心，滯文句於上下，誤字音於平去。復以數論為聲論，舉生城為滅城。豈唯差離合之宗因，蓋亦違倒順之前後。又探鄙俚訛韶以擬梵本囀音，雖復廣援七種，而只當彼一轉。然非彼七所目乃是第八呼聲。舛雜乖訛何從而至。又案勝論立常極微，數乃無窮，體唯極小。後漸和合生諸子微。數則倍減於常微，體又倍增於父母。迄乎終已，體遍大千；究其所窮，數唯是一。呂公所引《易》繫詞云：太極生兩儀，兩儀生四象，四象生八卦，八卦生萬物。云此與彼言異義同。今案太極無形，肇生有象，元資一氣，終成萬物，豈得以多生一而例一生多？引類欲顯博聞，義乖復何所託。設引大例生義似同苦釋，同於邪見深累如何自免。豈得苟要時譽，混正同邪，非身之仇奚至於此。凡所紕紊，胡可勝言。特由率己，致斯狼狙。根既不正，枝葉自傾，逐誤生疑，隨疑設難，曲形直影其可得乎？試舉二三，冀詳大意，深疵繁緒，委答如別。尋夫呂公達

鑒，豈孟浪而至此哉！示顯真俗，雲泥難易楚、越，因彰佛教弘遠，正法凝深，譬洪爐非掬雪所投，渤澥豈膠舟能越也？太史令李君者，靈府沈秘，襟期邈遠，專精九數，綜涉六爻。博考墳圖，瞻觀雲物，鄙衛宏之失度，陋裨窘之未工。神無滯用，望實斯在。既屬呂公餘論，復致間言。以實際為大覺玄軀，無為是調御法體。此乃信薰修容有分，證稟自然，終不可成。良恐言似而意違，詞近而旨遠。天師妙道，幸以再期。且寇氏天師，崔君特薦，共貽伊咎，夫復何言。雖謂不混於淄、澠，蓋已自濫於金銀耳。惟公逸宇寥廓，學彈墳素，庇身以仁義，應物以樞機。肅肅焉，汪汪焉，擢勁節以干雲，淡清潤而鎮地。騰芳文苑，職處儒林，招摭九疇之宗，研詳二戴之說。至於經禮三百，曲禮三千，莫不義符指，事如俯拾。尊俎咸推其準的，法度必待其雌黃，遂令相鼠之詩絕聞于野，魚麗之詠。盈耳於朝。惟名與實盡善盡美，而誠敬之重稟自夙成，弘護之心實惟素蓄，屬斯誼議同恥疚懷。故能投刺含膠，允光大義。非夫才兼內外，照冥鄰幾，豈能激揚清濁，濟俗匡真者耶！昔什公門下，服道者三千；今此會中，同德者如市。貧道猥以庸陋，叨廁末筵，雖慶朝聞，終慚夕惕。詳以造疏三德，並是貫達五乘，牆仞罕窺，詞峰難仰。既屬商羊鼓舞，而霈澤必沾，詞雷迅發，恐無暇掩耳。僉議，古人曰：一枝可以戢羽，何繁乎鄧林；潢洿足以沉鱗，豈俟於滄海。故不以愚懦，垂逼課虛。辭弗獲免，粗陳梗概。雖文不足取，而義或可觀。顧己庸疏，彌增悚惡，指述還答，餘無所申。釋明濬白。」

癸卯，宣得書，又激呂奉御因奏其事，敕遣群公學士等往慈恩寺請三藏與呂公對定。呂公詞屈，謝而退焉。

顯慶元年春正月景寅，皇太子忠自以非嫡，不敢久處元良，乃慕太伯之規，陳表累讓。大帝從之，封忠為梁王，賜物一萬段、甲第一區。即以其月冊代王弘為皇太子。

戊子，就大慈恩寺為皇太子設五千僧齋，人施帛三段，敕遣朝臣行香。時黃門侍郎薛元超、中書侍郎李義府因參法師，遂問曰：「翻經固法門之美，未審更有何事可以光揚？又不知古來翻譯儀式如何？」法師報曰：「法藏沖奧，通演實難，然則內闡住持由乎釋種，外護建立屬在帝王。所以泛海之舟能馳千里，依松之葛遂竦萬尋，附託勝緣，方能廣益。今漢、魏遙遠，未可詳論。且陳符、姚已來翻宣經論。除僧之外，君臣贊助者，符堅時曇摩難提譯經，黃門侍郎趙整執筆；姚興時鳩摩羅什譯經，姚主及安城侯姚嵩執筆；後魏菩提

留支譯經，侍中崔光執筆及制經序。齊、梁、周、隋並皆如是。貞觀初波頗羅那譯經，敕左僕射房玄齡、趙郡王李孝恭、太子詹事杜正倫、太府卿蕭璟等監閱詳緝。今獨無此。又慈恩寺聖上為文德聖皇后營建，壯麗輪奐，今古莫儔，未得建碑傳芳示後，顯揚之極莫過於此。公等能為致言，則斯美可至。」二公許諾而去。明日因朝，遂為法師陳奏，天皇皆可之。

壬辰，光祿大夫中書令兼撿挍太子詹事監修國史柱國固安縣開國公崔殷禮宣敕曰：「大慈恩寺僧玄奘所翻經、論，既新翻譯，文義須精，宜令太子太傅尚書左僕射燕國公于志寧、中書令兼撿挍吏部尚書南陽縣開國男來濟、禮部尚書高陽縣開國男許敬宗、守黃門侍郎兼撿挍太子左庶子汾陰縣開國男薛元超、守中書侍郎兼撿挍右庶子廣平縣開國男李義府、中書侍郎杜正倫等，時為看閱，有不穩便處，即隨事潤色。若須學士，任量追三兩人。」罷朝後，敕遣內給事王君德來報法師云：「師須官人助翻經者，已處分于志寧等令往，其碑文朕望自作，不知稱師意不？且令相報。」法師既奉綸旨，允慰宿心，當對使人悲喜，不覺淚流襟袖。翌日，法師自率徒眾等詣朝堂奉表陳謝（表文失）。

二月，有尼寶乘者，高祖太武皇帝之婕妤、隋襄州總管臨河公薛道衡之女也。德芬彤管，美擅椒闈。父既學業見稱，女亦不虧家訓。妙通經史，兼善文才。大帝幼時，從其受學，嗣位之後，以師傅舊恩，封河東郡夫人，禮敬甚重。夫人情慕出，帝從其志，為禁中別造鶴林寺而處之，並建碑述德。又度侍者數十人，並四事公給，將進具戒。至二月十日，敕迎法師並將大德九人，各一侍者，赴鶴林寺為河東郡夫人薛尼受戒。又敕莊挍寶車十乘、音聲車十乘，待於景曜門內，先將馬就寺迎接入城門已，方乃登車發引，大德居前，音聲從後。是時春之仲月，景物妍華，柳翠桃紅，松青霧碧，錦軒紫蓋交映其間。飄飄然猶給園之眾適王城矣。既到，安置別館，設壇席，為寶乘等五十餘人受戒，唯法師一人為闍梨，諸德為證而已。三日方了。受戒已，覆命巧工吳智敏圖十師形，留之供養。鶴林寺側先有德業寺，尼眾數百，又奏請法師受菩薩戒，於是復往德業。事訖辭還，嚫施隆重，敕遣內給事王君德將手力執花蓋引送，衢路觀者極生善焉。鶴林後改為隆國寺焉。

無幾，御製碑文成，敕遣太尉公長孫無忌，以碑宣示群公。其詞曰：「朕聞乾坤締構之初，品物權輿之始，莫不載形后土，藉覆穹蒼。然則二曜輝天，靡測盈虛之象。四溟紀地，豈究波瀾之極。況乎法門沖寂，現生不滅之前，聖

教牢籠，示有無形之外。故以道光塵劫，化洽含靈者矣。緬惟王宮發跡，蓮披起步之華，神沼騰光，樹曲空低之幹，演德音於鹿苑，會多士於龍宮，福已罪之群生。興將滅之人代，能使下愚挹道，骨碎寒林之野；上哲欽風，魂沈雪山之偈，絲流法雨，清火宅而辭炎；輪升慧日，皎重昏而歸晝。朕逖覽緗史，詳觀道藝，福崇永劫者其唯釋教歟。文德皇太后憑柯瓊樹，疏派濬源，德照塗山，道光嬀汭，流芬彤管，彰懿則於八紘，垂訓紫宮，扇徽猷於萬古。遽而陰精掩月，永戢貞輝，坤維絕紐，長淪茂跡。撫奩鏡而增感，望陟屺而何追。昔仲由興歎於千鍾，虞丘致哀於三失。朕之罔極實有切於終身，故載懷興葺，創茲金地。卻背邙郊，點千莊之樹錦，前臨終嶽，吐百仞之峰蓮，左面八川，水皎池而分鏡，右鄰九達，羽飛蓋而連雲，抑天府之奧區，信上京之勝地。示其雕軒架迥，綺閣凌虛，丹空曉烏，煥日宮而泛彩，素天初兔，鑒月殿而澄輝。薰徑秋蘭，疏庭佩紫，芳岩冬桂，密戶叢丹。燈皎繁花，焰轉煙心之鶴，幡標迥刹，彩縈天外之虹。飛陛參差，含文露而棲玉，輕簾舒卷，網麗宿而編珠。霞班低岫之紅，池泛漠煙之翠，鳴佩與宵鐘合韻，和風共晨梵分音。豈直香積天宮，遠慚輪奐，閬風仙闕，遙愧雕華而已哉！有玄奘法師者，實真如之冠冕也，器宇凝邃，若清風之肅長松，緟思繁蔚，如綺霞之輝迥漢，騰今照古之智，挺自生知，蘊寂懷真之誠，發乎髫齔。孤標一代，邁生遠以照前，迥秀千齡，架澄、什而光後。以為淳風替古，澆俗移今，悲巨夜之長昏，痛微言之永翳，遂乃投跡異域，廣餐秘教，乘杯雲漢之外，振錫煙霞之表，滔天巨海，侵驚浪而羈遊，亙地嚴霜，犯淒氣而獨逝，平郊散緒，衣單雪嶺之風，曠野低輪，肌弊流沙之日。遐徵月路，影對宵而暫雙，遠邁危峰，形臨朝而永只。跡窮智境，探賾至真，心馨玄津，研幾秘術。通昔賢之所不逮，悟先典之所未聞。遂得金牒東流，續將斷之教，寶偈西從，補已缺之文。於時乃眷靈基，棲心此地。弘宣奧旨，葉重翠於祇林；遠闢幽關，波再清於定水。朕所以虔誠八正，肅志雙林，庶延景福，式資冥助。奉願皇太后逍遙六度，神遊丹闕之前，偃息四禪，魂升紫極之境。悲夫！玉燭易往，促四序於炎涼；金箭難留，馳六龍於晷漏。恐波遷樹在，夷溟海於桑田；地是勢非，淪高峰為幽谷。於是敬刊貞石，式旌真境。其銘曰：三光昭象，萬品流形，人途超忽，時代虛盈。淳風久謝，澆俗潛生，愛波滔識，業霧昏情。猗歟調御，迦維騰跡，妙道乘幽，玄源控寂。鷲峰遐峙，龍宮廣闢。慧日舒光，慈雲吐液。眷言聖教，載想德音。義崇往劫，道冠來今。騰神九域，晦跡雙林。漢夢如在，周星遽沈。

悲纏奩鏡，哀深棟宇。濯龍潛潤，椒風韜緒。霜露朝侵，風枝夕舉。雲車一駕，悠哉萬古。乃興輪奐，寔構雕華。紫棟留月，紅梁藻霞。雲窗散葉，風沼翻花。蓋低鳳偃，橋側虹斜。爰有慧命，英器靈沖。孤標千載，獨步三空。給園味道，雪嶺餐風。智燈再朗，真筌重崇。四運流速，六龍馳騖。巨夜銷氛，幽關啟曙。茂德垂範，徽塵表譽。勒美披文，遐年永著。」

三月丁亥，群公等奉聖製，咸詣朝堂上表陳謝曰：「跪發天華，覿河宗之奇寶；虔開秘篆，聆雲英之麗曲。包萬葉之鴻規，籠千祀之殊觀，相趨慶抃，莫知所限。竊以慧日西照，朗巨夜而開冥，法流東徙，洎陳亥而挺秀。無方之化不一，應物之理同歸。歷代迄茲，咸崇斯典。伏惟陛下垂衣截海，作鏡中區，錫類之道彌光，出要之津尤重，開給園於勝境，延稱首以閒居，地窮輪奐，人標龍象。重茲發沖旨，爰製豐碑，妙思難涯，玄襟獨王，義超係表，理邃環中。臣等夙蔽真宗，幸窺天藻，以坳堂之量揣靈鼇之峻壑，蜉蝣之情議仙驥之遐壽。式歌且舞，咸誦在心，循覽周遍，不勝欣躍。」

顯慶元年春三月癸亥，御製大慈恩寺碑文訖。時禮部尚書許敬宗〔註186〕遣使送碑文與法師，鴻臚寺又有符下寺。甲子，法師率寺眾詣闕陳謝曰：「沙門玄奘言。被鴻臚寺符，伏奉敕旨，親紆聖筆為大慈恩寺所製碑文已成，叡澤傍臨，宸詞曲照，玄門益峻，梵侶增榮，跼厚地而懷慚，負層穹而寡力。玄奘聞造化之功既播物而成教，聖人之道亦因辭以見情。然則畫卦垂文，空談於形器；設爻分象，未踰於寰域。羲皇之德尚見稱於前古，姬後之風亦獨高於後代。豈若開物成務，闡八正以摛章；詮道立言，證三明而導俗。理窮天地之表，情該日月之外，較其優劣，斯為盛矣。伏惟皇帝陛下金輪在運，玉曆乘時，化溢四洲，仁覆九有。道包將聖，功茂迺神，縱多能於生知，資率由於天至。始悲奩鏡，即創招提，俄樹勝幢，更敷文律。若乃天華穎發，叡藻波騰，吞筆海而孕龍宮，掩詞林而包鶴樹。內該八藏，外覈六經，奧而能典，宏而且密。固使給園遺跡託寶思而彌高，奈苑余芬假瓊章而不昧。豈直抑揚夢境，照澈迷塗，諒以鎔範四天，牢籠三界者矣。玄奘言行無取，猥預緇徒，亟叨恩顧，每謂多幸。重忝曲城之造，欣逢像法之盛，且慚且躍，實用交懷。無任竦

〔註186〕許敬宗：字延族。杭州新城人，善心子也。隋時官直謁者臺奏通事舍人事。入唐，為著作郎，兼修國史。尋貶洪州司馬，累轉給事中。復修史，遷太子右庶子。高宗即位，擢禮部尚書。歷侍中、中書令、右相，卒諡曰繆。集八十卷，今編詩二十七首。

戴之誠，謹詣朝堂奉表陳謝。」

　　乙丑，法師又惟主上文明天縱，聖而多能，非直文麗魏君，亦乃書邁漢主。法師以見碑是聖文，其書亦望神筆，因詣闕請皇帝自書。表曰：「沙門玄奘等言。竊以應物垂象，神用溥該；隨時設教，聖功畢盡。是知日月雙朗，始極經天之運，卉木俱秀，方窮麗地之德。伏惟皇帝陛下智周萬物，仁沾三界，既隆景化，復闡玄風。鄙姬穆之好道，空賞瑤池之詠，蔑漢明之崇法，徒開白馬之祠。遂乃俯降天文，遠揚幽旨，用雕豐琬，長垂茂則。同六英之發音，若五緯之摛曜，敷至懷而感俗，弘大誓以匡時。豈獨幽贊真如，顯揚玄蹟者也。雖玉藻斯暢，翠版將刊，而銀鉤未書，丹字猶韞。然則夔樂已簨，匣裏曲之堪預，龍鄉既畫，何爝火之能明。非夫牙、曠撫律，羲和總馭，焉得揚法鼓之大音，裨慧日之衝彩。敢緣斯義，冒用幹祈，伏乞成茲具美，勒以神筆，庶凌雲之妙，邁跡前王，垂露之奇，騰芬後聖。金聲玉振，即悟群迷；鳳翥龍蟠，將開眾瞽。豈止克隆像教，懷生沾莫大之恩；實亦聿贊明時，宗社享無彊之福。玄奘稟識愚淺，謬齒緇林，本慚窺涉，多虧律行，猥辱宸詞，過蒙褒美。雖驚惕之甚，措顏無地，而慊懇之勤，翹誠有日。重敢塵黷，更懷冰火。」表奏不納。

　　景寅，法師又請曰：「昨一日蒙寶天藻，喜戴不勝，未允神翰，翹丹尚擁。竊以攀榮奇樹，必含笑而芬芳，跪寶玉岑，亦舒渥而貽彩。伏惟陛下提衡執粹，垂拱大寧，叡思綺毫，俯凝多藝。鴻範光於湧洛，草聖茂於臨池。玄奘蕭荷前恩，奉若華於金鏡，冒希後澤，佇桂影於銀鉤。豈直合璧相循，聯輝是仰，亦恐非天翰無以懸日月之文，唯麗則可以攄希微之軌。馳魂俛首，非所敢望，不勝積慊，昧死陳請。」

　　表奏，帝方運神筆。法師既蒙帝許，不勝喜慶。表謝曰：「沙門玄奘言。伏奉敕旨，許降宸筆自勒御製大慈恩寺碑文。繭誥爰臻，綸慈猥集，只荷慚惕，罔知攸措。玄奘聞強弩在殼，鼫鼠不足動其機；鴻鐘匿音，纖莛無以發其響。不謂日臨月照，遂回景於空門；雨潤雲蒸，乃照感於玄寺。是所願也，豈所圖焉。伏惟陛下履翼乘樞，握符纘運，追軒邁頊，孕夏吞殷，演眾妙以陶時，總多能而景俗。九域之內既沐仁風，四天之表亦沾玄化。然則津梁之法非至聖無足闡其源，幽贊之工非至人何以敷其跡。雖追遠所極，自動天情，而冥祐可祈，即回宸睠，英詞曲被，已超希代之珍，秘跡行開，將踰絕價之寶。凡在群品，靡弗欣戴。然彼梵徒倍增慶躍，夢鈞天之廣樂，匹此非奇，得

輪王之髻珠，儔茲豈貴。庶當刊以貞石，用樹福庭，蠢彼迷生，方開耳目。盛乎法炬，傳諸未來，使夫瞻寶字而仰銀鉤，發菩提於此日；諷遒文而探至賾，悟般若於斯地。劫城窮芥，昭昭之美恒存；遷海還桑，藹藹之風無朽。玄奘出自凡品，夙慚行業，既蒙落飾，思闡玄猷。往涉迦維，本憑皇化，迨茲翻譯，復承朝獎。而貞觀之際，濫沐洪慈，永徽以來，更叨殊遇。二主神筆，猥賜褒揚，兩朝聖藻，極垂榮飾。顧循愚劣，實懷兢懼。輸報之誠不忘昏曉。但以恩深巨壑，豈滴水之能酬；施厚崧丘，匪纖塵之可謝。唯當憑諸慧力，運以無方，資景祚於園寢，助隆基於七百。不任竦戴之至。謹附內給事臣王君德奉表陳謝以聞。輕犯威嚴，伏深戰慄。」

　　夏四月八日，大帝書碑並匠鐫訖，將欲送寺，法師慚荷聖慈，不敢空然待送，乃率慈恩徒眾及京城僧尼，各營幢蓋、寶帳、幡花，共至芳林門迎。敕又遣大常九部樂，長安萬年二縣音聲共送。幢最卑者上出雲霓，幡極短者猶摩霄漢，凡三百餘事，音聲車百餘乘。至七日冥集城西安福門街。其夜雨。八日，路不堪行，敕遣且停，仍迎法師入內。至十日，天景晴麗，敕遣依前陳設。十四日旦，方乃引發，幢幡等次第陳列，從芳林門至慈恩寺，三十里間爛然盈滿。帝登安福門樓望之甚悅，京都士女觀者百餘萬人。至十五日，度僧七人，設二千僧齋，陳九部樂等於佛殿前，日晚方散。至十六日，法師又與徒眾詣朝堂陳謝碑至寺。表曰：「沙門玄奘等言。今月十四日。伏奉敕旨，送御書大慈恩寺碑，並設九部樂供養。堯日分照，先增慧炬之輝，舜海通波，更足法流之廣。豐碣岩崿，天文景燭，狀彩霞之映靈山，疑縟宿之臨仙嶠。凡在緇素，電激雲奔，瞻奉驚躍，得未曾有。竊以八卦垂文，六爻發繫，觀鳥製法，泣麟敷典，聖人能事，畢見於茲，將以軌物垂範，隨時立訓，陶鑄生靈，抑揚風烈。然則秦皇刻石，獨昭美於封禪；魏後刊碑，徒紀功於大饗。猶稱題目，高視百王，豈若親紆叡藻，俯開仙翰。金奏發韶，銀鉤絢跡，探龍宮而架三玄，軼鳳篆而窮八體，揚春波而騁思，滴秋露以標奇。弘一乘之妙理，贊六度之幽賾，化總三千之域，聲騰百億之外。奈苑微言，假天詞而更顯，竹林開士，託神筆而彌尊。因使梵志歸心，截疑網而祗訓，波旬革慮，偃邪山而徇道。豈止塵門之士始悟迷方，滯夢之賓行超苦際。像教東漸，年垂六百，弘闡之盛，未若於茲。至如漢明通感，尚諮謀於傅毅，吳主歸宗，猶考疑於闞澤。自斯已降，無足稱者，隨緣化物，獨推昭運。為善必應，克峻昌基，若金輪之王神功不測，同寶冠之帝休祚方永。玄奘等謬忝朝恩，幸登玄肆，屬慈雲重

布，法鼓再揚，三明之化既隆，八正之門長闢，而顧非貞懇，虛蒙獎導，仰層旻而菏澤，俯濬谷以懷慚。無任竦戴之誠，謹詣闕陳謝以聞。」

碑至，有司於佛殿前東北角別造碑屋安之。其舍復拱重櫨，雲楣綺棟，金花下照，寶鐸上暉，仙掌露盤，一同靈塔。大帝善楷、隸、草、行，尤精飛白。其碑作行書，又用飛白勢作「顯慶元年」四字，並窮神妙。觀者日數千人，文武三品已上表乞模打，許之。自結繩息用，文字代興，二篆形殊，楷、草勢異，懸針垂露，雲氣偃波，銘石章程，八分行隸，古人互有短長，不能兼美。至如漢元稱善史書，魏武工於草、行，鍾繇閒於三體，王仲妙於八分，劉邵、張弘發譽於飛白，伯英、子玉流名於草聖，唯中郎、右軍稍兼眾美，亦不能盡也。故韋文休見二王書曰：「二王自可稱能，未是知書」也。若其天鋒秀拔，穎鬱遒健，該古賢之眾體，盡先哲之多能，為毫翰之陽春、文字之寡和者，信歸之於我皇矣。

法師少因聽習，及往西方，涉凌山、雪嶺，遂得冷病，發即封心，屢經困苦。數年已來，憑藥防禦得定。今夏五月，因熱追涼，遂動舊疾，幾將不濟。道俗憂懼，中書聞奏，敕遣供奉上醫尚藥奉御蔣孝璋、針醫上官琮專看，所須藥皆令內送。北門使者日有數般，遣伺氣候，遞報消息。乃至眠寢處所，皆遣內局上手安置。其珍惜如是，雖慈父之於一子，所不過也。孝璋等給侍醫藥，晝夜不離，經五日方損，內外情安。法師既荷聖恩，翌日進表謝曰：「沙門玄奘言。玄奘拙自營衛，冷疹增動，幾至綿篤，殆辭昭運。天恩矜愍，降以良藥，緘藥纏加，即蒙痊癒。駐頹齡於欲盡，反營魄於將消，重睹昌時，復遵明導，豈止膏肓永絕，腠理恒調而已。顧循庸菲，屢荷殊澤，施厚命輕，罔知輸報。唯憑慧力，庶誐冥祉。玄奘猶自虛惙，未堪詣闕陳謝，無任悚戴之至。謹遣弟子大乘光奉表以聞。」

帝覽表，遣給事王君德慰問法師曰：「既新服藥後，氣力固當虛劣，請法師善自攝衛，未宜即用心力。」法師又蒙聖問，不勝喜懼之至，又表謝曰：「沙門玄奘言。玄奘業累所嬰，致招疾苦，呼吸之頃，幾隔明時。忽蒙皇帝、皇后降慈悲之念，垂性命之憂，天使頻臨，有逾十慰，神藥俯救，若遇一丸。飲沐聖慈，已祛沉痛，蒙荷醫療，遂得痊除。豈期已逝之魂見招於上帝，將夭之壽重稟於洪鑪。退省庸微，何以當此，撫膺愧越，言不足宣。荷殊澤而詎勝，粉微軀而靡謝。方冀勗茲禮誦，罄此身心，以答不次之恩，少塞無窮之責。無任感戴之極，謹附表謝聞。喜懼兼併，罔知攸措，塵黷聽覽，伏增惶悚。」

　　往貞觀十一年中，有敕曰：「老子是朕祖宗，名位稱號宜在佛先。」時普光寺大德法常、總持寺大德普應等數百人於朝堂陳諍，未蒙改正。法師還國來已頻內奏，許有商量，未果而文帝昇遐。永徽六年，先有敕：「道士、僧等犯罪情難知者，可同俗法推勘。」邊遠官人不閑敕意，事無大小動行枷杖，虧辱為甚。法師每憂之，因疾委頓，慮更不見天顏，乃附人陳前二事於國非便：「玄奘命垂旦夕，恐不獲後言，謹附啟聞，伏枕惶懼。」敕遣報云：「所陳之事聞之。但佛道名位，先朝處分，事須平章。其同俗敕，即遣停廢。師宜安意，強進湯藥。」至二十三日，降敕曰：「道教清虛，釋典微妙，庶物藉其津梁，三界之所遵仰。比為法末人澆，多違制律，且權依俗法，以申懲誡，冀在止惡勸善，非是以人輕法。但出家人等具有制條，更別推科，恐為勞擾。前令道士、女道士、僧、尼有犯依俗法者宜停。必有違犯，宜依條制。」法師既荷茲聖澤，奉表指闕陳謝曰：「沙門玄奘言。伏見敕旨，僧、尼等有過，停依俗法之條，還依舊格。非分之澤忽委緇徒，不訾之恩復沾玄肆，晞陽沐道，實用光華，跼地循躬，唯增震惕。竊以法王既沒，像化空傳，宗紹之規，寄諸明後。伏惟皇帝陛下寶圖御極，金輪乘正，睠茲釋教，載懷宣闡，以為落飾玄門，外異流俗，雖情牽五濁，律行多虧，而體被三衣，福田斯在。削玉條之密網，布以寬仁；信金口之直詞，允茲迴向。斯固天只載悅，應之以休徵，豈止梵侶懷恩，加之以貞確。若有背茲寬貸，自貽伊咎，則違大師之嚴旨，虧聖主之深慈，凡在明靈，自宜譴謫，豈待平章之律，方科奸妄之罪。玄奘庸昧，猥廁法流，每忝鴻恩，忌懷慚惕，重祗殊獎，彌復兢惶。但以近嬰疾疹，不獲隨例指闕。無任悚戴之誠，謹遣弟子大乘光奉表陳謝以聞。自是僧徒得安禪誦矣。

　　法師悲喜交集，不覺淚沾衿袖，不勝抃躍之至。又重進表謝曰：「沙門玄奘言。伏奉恩敕，除僧等依俗法推勘條章，喜戴之誠，莫知準譬。竊尋正法隆替，隨君上所抑揚，彝倫厚薄，儷玄風以興缺。自聖運在璿，明皇執粹，甄崇道藝，區別玄儒，開不二之鍵，廣唯一之轍，寫龍宮於蓬閣，接鷲壞於神皋，俾夫鍾梵之聲洋溢區宇，福善之業濯沐黎氓，實法門之嘉會，率土之幸甚。頃為僧徒不整，誨馭乖方，致使內虧佛教，外犯王法，一人獲罪，舉眾蒙塵，遂觸天威，令依俗法。所期清肅，志在懲誡。僧等震懼，夙夜慚惶，而聖鑒天臨，仁澤昭被，篤深期於玄妙，掩纖垢於含弘，爰降殊恩，釋茲嚴罰，非其人之足惜，顧斯法之可尊。遂令入網之魚復遊江、漢，觸籠之鳥還颺杳冥，法水

混而更清，福田鹵而還沃。僧等各深荷戴，人知自勉，庶當屬情去惡，以副天心；專精禮念，用答鴻造，伏惟皇帝、皇后以紹隆之功，永凝百福，乘慈悲之業，端拱萬春。震域締祥，維城具美。不勝舞躍感荷之至。謹重附表陳謝以聞。輕黷冕旒，伏增惶恐。」

帝覽表，知法師病瘉，遣使迎法師入，安置於凝陰殿院之西閣供養。仍彼翻譯，或經二旬、三旬方乃一出。

冬十月，中宮在難，歸依三寶，請垂加祐。法師啟：「聖體必安和無苦，然所懷者是男，平安之後願聽出家。」當蒙敕許。至十一月五日，皇后施法師納袈裟一領，並雜物等數十件。法師啟謝曰：「沙門玄奘啟。垂齎納並雜物等，捧對驚慚，不知比喻。且金縷上服，傳自先賢，或無價衣，聞諸聖典，未有窮神盡妙，目擊當如今之賜者也。觀其均彩濃淡，敬君不能逾其巧；裁縫婉密，離妻無以窺其際。便覺煙霞入室，蘭囿在身，旋俯自瞻，頓增榮價。昔道安言珍秦代，未遇此恩；支遁稱禮晉朝，罕聞斯澤。唯玄奘庸薄，獨竊洪私，顧寵循躬，彌深戰汗。伏願皇帝、皇后富眾多之子孫，享無疆之福祚，長臨玉鏡，永御寶圖，覆育群生，與天無極。不任慚佩之至。謹啟謝聞。施重詞輕，不能宣盡。」

五日申後，忽有一赤雀飛來止於御帳，玄奘不勝喜慶，陳表賀曰：「沙門玄奘言。玄奘聞白鳩彰瑞，表殷帝之興；赤雀呈符，示周王之慶。是知穹昊降祥以明人事，其來久矣。玄奘今日申後酉前，於顯慶殿庭帷內見有一雀，背羽俱丹，腹足咸赤，從南飛來，入帳止於御座，徘徊踊躍，貌甚從容。見是異禽，乃謂之曰：「皇后在孕未遂分誕，玄奘深懷憂懼，願乞平安，若如所祈，為陳喜相。」雀乃迴旋蹀足，示平安之儀，了然解人意。玄奘深心歡喜，舉手喚之，又徐徐相向，乃至逼之不懼，撫之不驚左右之人。咸悉共見，玄奘因為受三歸報其雅意，未及執捉，從其徘徊，遂復飛去。伏惟皇帝、皇后德通神明，恩加兆庶，禮和樂洽，仁深義遠，故使羽族呈祥，神禽效質，顯子孫之茂，彰八百之隆，既為曩代之休符，亦是當今之靈貺。玄奘輕生有幸，肇屬嘉祥，喜抃之深，不敢緘默，略疏梗概，謹以奏聞。若其羽翼之威儀，陽精之淳偉，歷代之稽古，出見之方表，所不知也。謹言。

表進已，頃間有敕令使報法師：「皇后分娩已訖，果生男，端正奇特，神光滿院，自庭燭天。朕歡喜無已，躍內外舞，必不違所許。願法師護念，號為佛光王。」法師進賀曰：「沙門玄奘言。竊聞至道收敷，啟天人於載算；深期

所感，誕玄聖於克岐。伏惟皇帝、皇后情鏡三空，化孚九有，故能闡垂旒於二諦，卻走馬於一乘。蘭殿初歡，爰發俱胝之願；琁柯在孕，便結踰城之徵。俾夫十號降靈，弘茲攝受，百神翼善，肅此宮闈。所災屬克清，安和載誕。七花儼以承步，九龍低而濯質。玄門佇跡，道樹虛陰，雖昔之履帝呈祥，捫天表異，寧足以方斯感睨，匹此英猷。率土詠歌，喜皇陛之納祐，緇林勇銳，欣紺馬之來遊。伏願無替前恩，特令法服，麾局常戀，迴構良因。且帝子之崇，出處斯在，法王之任，高尚彌隆。加以功德無邊，津梁載遠，倘聖澤無舛，弘誓不移。竊謂殫四海之資，不足比斯檀行；傾十地之業，無以譬此福基。當願皇帝、皇后百福凝華，齊輝北極，萬春表壽，等固南山。馨娛樂於延齡，踐薩云於遐劫。儲君允茂，綏紹帝猷。寵蕃惟宜，翊亮王室。褘袧英胤，休祉日繁，標峻節於本枝，嗣芳塵於草座。玄奘濫偶丕運，局影禁門，貴匪德升，寵緣恩積。幸屬國慶惟始，淨業開基，踊躍之懷，塵粉無恨。不勝喜賀之至。謹奉表以聞。輕觸威嚴，伏增戰越。」

佛光王生滿三日，法師又進表曰：「沙門玄奘言。奘聞《易》嘉日新之義，《詩》美無疆子孫，所以周祚過期，漢歷遐緬者，應斯道也。又聞龍門洞激，資源長而流遠；桂樹叢生，藉根深而芳藹。伏惟皇運累聖相承，重規疊矩，積植仁義，浸潤黎元，其來久也。由是二后光膺大寶，為子孫基，可謂根深源長矣。逮陛下受圖，功業逾盛。還淳反素，邁三五之蹤；制禮作樂，逸殷、周之軌。不恃黃屋為貴，以濟兆庶為心。未明求衣，日昃忘食，一人端拱，萬里廓清。雖成、康之隆，未至於此。是故卿雲紛鬱，江海無波，日域遵風，龍鄉沐化。蕩蕩乎，巍巍乎，難得而備言矣。既而道格穹蒼，明神降福，今月嘉晨，皇子載誕。天枝廣茂，瓊萼增敷，率土懷生，莫不慶賴。在於玄奘特百恒情，豈直喜聖后之平安，實亦欣如來之有嗣。伏願不違前敕，即聽出家。移人王之胤，為法王之子，披著法服，制立法名，授以三歸，列於僧數。紹隆像化，闡播玄風，再秀禪林，重暉覺苑。追淨眼之茂跡，踐月蓋之高蹤。斷二種纏，成無等覺。色身微妙，譬彼山王，焰網莊嚴，過於日月。然後蔭慈雲於大千之境，揚慧炬於百億之洲，振法鼓而挫天魔，麾勝幡而摧外道，接沈流於倒海，撲燎火於邪山，竭煩惱之深河，碎無明之巨谷，為天人師，作調御士。唯願先廟先靈藉孫祉而升彼岸，皇帝、皇后因子福而享萬春。永握靈圖，常臨九域，子能如此，方名大孝，始曰榮親。所以釋迦棄國而務菩提，蓋為此也。豈得以東平瑣瑣之善，陳思庸庸之才，並日而論優劣，同年而議深淺矣。謹即嚴衣

棒缽，以望善來之賓；拂座清塗，用佇逾城之駕。不勝慶慰翹顒之至。謹奉表以聞。輕觸宸威，追深戰越。當即受三歸服袈裟，雖保傳養育，所居常近於法師。

十二月五日滿月，敕為佛光王度七人，仍請法師為王剃髮。法師進表謝曰：「沙門玄奘言。昨奉恩旨，令玄奘為佛光王剃髮，並敕度七人。所剃之髮則王之煩惱落也。所度之僧則王之侍衛具也。是用震動波旬之殿，踊躍淨居之懷，弘願既宣，景福彌盛。豈謂庸賤之手得效伎於天膚，凡庶之人蒙入道於嘉會，上下欣抃，悲喜交集。竊尋覆護之重在褓所先，解脫之因落飾為始。伏惟皇帝、皇后道凝象外，福洽區中，所以光啟妙門，聿修德本。所願皇階納祐，玉辰延和，臨百億天下，畢千萬歲期。佛光奇子，乳哺惟宜，善神衛質，諸佛摩頂，增華睿哲之姿，允穆紹隆之寄。新度之僧菏澤既深，亦當翹勤道業，專精戒行，允副僧綸，佇當取草。不勝感荷之至。謹奉表以聞。」

其日，法師又重慶佛光王滿月，並進法服等。奏曰：「沙門玄奘言。竊聞搏風迅羽，累日而沖空；瀉月明璣，逾旬而就滿。是知稟靈物表，亮採天中者，固以後發其姝，惟新厥美者矣。惟佛光王資上善以締祥，闡中和而育德。自微園降誕，天祠動瞻，睿氣清衿，寢興納祐，玉顏秀表，晨夕增華。自非皇帝、皇后慧日在躬，法流濯想，寄紹隆於磐石，啟落飾於天人，其孰能福此褓衣，安茲乳哺，無災無害，克岐克嶷者哉！今魄照初環，滿月之姿盛矣！萇枝再長，如蓮之目倩兮。所以紫殿慰懷，黔首胥悅，七眾歸怗，四門佇鑒。豈唯日索後言，鶴驂待馭而已。玄奘幸蒙恩寵，許垂蔭庇。師弟之望，非所庶幾，同梵之情，實切懷抱。輒敢進金字《般若心經》一卷並函，《報恩經變》一部，袈裟法服一具，香爐、寶字香案，藻缾、經架、數珠、錫杖、藻豆合各一，以充道具，以表私歡。所冀簹載弄於半璋，代辟邪於蓬矢。俾夫善神見而踊躍，弘誓因以堅固，輕用干奉，寔深悚惕。伏願皇帝、皇后，尊邁拱辰，明兼合耀，結歡心於兆庶，享延齡於萬春。少海澄輝，掩丕釗而取俊，寵蕃振美，驎間平以載馳。所願佛光王千佛摩頂，百福凝軀，德音日茂，曾規丕相。不勝感荷。奉表以聞。」

二年春二月，駕幸洛陽宮，法師亦陪從。並翻經僧五人、弟子各一人，事事公給。佛光王駕前而發，法師與王子同去，余僧居後。既到，安置積翠宮。

夏四月，車駕避暑於明德宮，法師又亦陪從，安置飛花殿。其宮南接皂

澗，北跨洛濱，則隋之顯仁宮也。

五月，敕法師還於積翠宮翻譯，法師既奉帝旨。進表辭曰：「沙門玄奘言。伏蒙恩旨許令積翠宮翻經。仰佩優渥，情深喜戴。伏念違離，旋增憫然。玄奘功微勳府，道謝德科，而久紊榮章，鎮荷曾覆，循涯知懼，臨谷匪危。伏惟皇帝、皇后聖哲含弘，仁慈亭育，故使萬類取足，一物獲安。既而近隔蘭除，聽揚蠻而悲結，甫瞻茨嶺，想多豫而欣然。伏願玉宇延和，仙桃薦壽，邁甘泉之清暑，等瑤水之佳遊。所冀溫樹迎秋，涼颸造夏，候歸軒於砥陌，儼幽錫於喬林，稱慶萬春，甘從九逝。不勝感戀之極。謹附表奉辭以聞。」荒越在顏，冰火交慮。

法師在京之日，先翻《發智論》三十卷，及《大毗婆沙》未了，至是有敕報法師曰：「其所欲翻經、論，無者先翻，有者在後。」法師進表曰：「竊聞冕旒庸俗，咸競前修，述作窮神，必歸睿後。皇帝造物，玄猷遠暢，掩王城於侯甸，光貝葉於羽陵。傍啟譯僚，降緝鴻序，騰照千古，流輝萬葉。陛下纂承丕業，光敷遠韻，神用日新，賞鑒無怠。玄奘濫沐天造，肅承明詔，每撫庸躬，恒深悚息。去月日奉敕，所翻經論，在此無者宜先翻，舊有者在後翻。但《發智》、《毗婆沙論》有二百卷，此土先唯有半，但有百餘卷，而文多舛雜，今更整頓翻之。去秋以來已翻得七十餘卷，尚有百三十卷未翻。此《論》於學者甚要，望聽翻了。餘經論有詳略不同及尤舛誤者，亦望隨翻，以副聖述。」帝許焉。

法師少離京洛，因茲扈從，暫得還鄉，遊覽舊塵，問訪親故，淪喪將盡。唯有姊一人，適瀛州張氏，遣迎相見悲喜。問姊父母墳隴所在，躬自掃謁。為歲久荒頹，乃更詳勝地，欲具棺槨而改葬。雖有此心，未敢專志，法師乃進表請曰：「沙門玄奘言。玄奘不天，夙鐘茶蓼。兼復時逢隋亂，殯掩倉卒。日月不居，已經四十餘載，墳壟頹毀，殆將滅夷。追惟平昔，情不自寧。謹與老姊一人，收捧遺柩，去彼狹陋，改葬西原，用答昊天，微申岡極。昨日蒙敕放玄奘出三兩日檢校。但玄奘更無兄弟，唯老姊一人。卜遠有期，用此月二十一日安厝。今觀葬事尚寥落未辦，所賜三兩日恐不周幣。望乞天恩聽玄奘葬事了還。又婆羅門上客今相隨逐，過為率略，恐將嗤笑。不任纏迫憂悒之至。謹附表以聞。伏乞天覆雲回，曲憐孤請。」

帝覽表，允其所請。仍敕所司，其法師營葬所須，並宜公給。法師既荷殊澤，又進啟謝曰：「沙門玄奘啟。玄奘殃深釁積，降罰明靈，不能殞亡，偷

存今日。但灰律驟改，盈缺匪居，墳壟淪頹，草棘荒蔓，思易宅兆，彌歷歲年，直為遠隔關山，不能果遂。幸因陪從鑾駕，得屆故鄉，允會宿心，成茲改厝。陳設所須，復蒙皇帝、皇后曲降天慈，賜遣營佐。不謂日月之光在瓦礫而猶照，雲雨之澤。雖蓬艾而必沾。感戴屏營，喜鯁兼集，不任存亡銜佩之至。謹附啟謝聞。事重人微，不能宣盡。」

法師既蒙敕許，遂改葬焉。其營送威儀並公家資給，時洛下道俗赴者萬餘人。

後魏孝文皇帝自岱徙都洛陽，於少室山北造少林伽藍，因地勢之高卑，有上方、下方之稱，都一十二院。東據嵩嶽，南面少峰，北依高嶺，兼帶三川。崒石巉岩，飛泉縈映，松蘿共篔簹交葛，桂柏與杞梓蕭森，壯婉清虛，實域中之佳所。其西臺最為秀麗，即菩提流支譯經處，又是跋陀禪師宴坐之所，見有遺身之塔。大業之末，群賊以火焚之，不然，遠近珍異。寺西北嶺下緱氏縣之東南鳳凰谷陳村亦名陳堡，即法師之生地也。秋九月二十日，法師請入少林寺翻譯。表曰：「沙門玄奘言。玄奘聞菩提路遠，趣之者必假資糧；生死河深，渡之者須憑船筏。資糧者，三學三智之妙行，非宿舂之類也；船筏者，八忍八觀之淨業，非方舟之徒也。是以諸佛具而舛彼岸，凡夫闕而沈生死。由是茫茫三界，俱漂七漏之河；浩浩四生，咸溺十纏之浪。莫不波轉煙回，心迷意醉，窮劫石而，殆。盡芥城而彌固。曾不知駕三車而出火宅，乘八正而適寶坊，實可悲哉！豈直秋之為氣，良增歎矣。寧惟孔父之情，所以未嘗不臨食輟餐，當寐而驚者也。玄奘每惟此身眾緣假合，念念無常，雖岸樹井藤不足以儔危脆，干城水沫無以譬其不堅，所以朝夕是期，無望長久。而歲月如流，六十之年颯焉已至。念茲遄速，則生涯可知。加復少因求法，尋訪師友，自他邦國，無處不經，途路迢遙，身力疲竭。頃年已來，更增衰弱。顧陰視景，能復幾何。既資糧未充，前途漸促，無日不以此傷嗟，筆墨陳之不能盡也。然輕生多幸，屬逢明聖，蒙先朝不次之澤，荷陛下非分之恩。沐浴隆慈，歲月久矣。至於增名益價，發譽騰聲，無翼而飛，坐凌霄漢，受四事之供，超倫輩之華，求之古人，所未有也。玄奘何德何功，以至於此。皆是天波廣潤，日月曲臨，遂使燕石為珍，駑駘取貴，撫躬內省，唯深慚恧。且害盈惡滿，寔前哲之雅旨；少欲知足，亦諸佛之誠言。玄奘自揆藝業空虛，名行無取，天慈聖澤，無宜久冒。望乞骸骨，畢命山林，禮誦經行，以答提獎。又蒙陛下以輪王之尊，布法王之化，西域所得經本並令翻譯。玄奘猥承人乏，濫當斯任。既

奉天旨，夙夜匪寧。今已翻出六百餘卷，皆三藏、四含之宗要，大、小二乘之樞軸。凡聖行位之林藪，八萬法門之海澤，西域稱詠以為鎮國鎮方之典。所須文義，無掖不得，譬猶擇木鄧林，隨求小大，收珍海浦，任取方圓，學者之宗，斯為髣髴。玄奘用此奉報國恩。誠不能盡。雖然。亦冀萬分之一也。但斷伏煩惱。必定慧相資，如車二輪。闕一不可。至如研味經，論慧學也；依林宴坐，定學也。玄奘少來頗得專精教義，唯於四禪九定未暇安心。今願託慮禪門，澄心定水，制情猿之逸躁，縶意象之奔馳，若不斂跡山中，不可成就。竊承此州嵩高少室，嶺嶂重疊，峰澗多奇，含孕風雲，包蘊仁智，果藥豐茂，蘿薜清虛，實海內之名山，域中之神嶽。其間復有少林伽藍、閒居寺等，皆跨枕岩，縈帶林泉，佛事尊嚴，房宇閒邃。即後魏三藏菩提留支譯經之處也，實可依歸，以修禪觀。又兩疏朝士尚解歸海辭榮，巢許俗人猶知棲真蘊素，況玄奘出家為法，翻滯闤中，清風激人，念之增愧者也。伏惟陛下明踰七曜，照極九幽。伏乞亮此愚誠，特垂聽許，使得絕囂塵於眾俗，卷影跡於人間，陪麋鹿之群，隨鳧鶴之侶，棲身片石之上，庇影一樹之陰，守察心猿，觀法實相，令四魔九結之賊無所穿窬，五忍十行之心相從引發，作菩提之由漸，為彼岸之良因，外不累於皇風，內有增於行業，以此送終，天之恩也。倘蒙矜許，則盧山慧遠雅操庶追，剡岫道林清徽望續。仍冀禪觀之餘，時間翻譯，無任樂願之至。謹詣闕奉表以聞。輕觸宸威，追深戰越。」帝覽表不許。

其月二十一日，神筆自報書曰：「省表知欲晦跡岩泉，追林、遠而架往，託慮禪寂，軌澄、什以標今，仰挹風徽，實所欽尚。朕業空學僚，靡究高深。然以淺識薄聞，未見其可。法師津梁三果，汲引四生，智皎心燈，定凝意水。非情塵之所翳，豈識浪之能驚。道德可居，何必太華疊嶺；空寂可舍，豈獨少室重巒。幸戢來言，勿復陳請。則市朝大隱，不獨貴於昔賢；見聞弘益，更可珍於即代。」

敕既令斷表，不敢復言。法師既奉敕書，進啟謝曰：「沙門玄奘言。使人李君信至，垂賜手詔。銀鉤麗於丹字，叡藻蔚彼河圖，磊落帶峰嶽之形，鬱潤挹風雲之氣。不謂白藏之暮更睹春葩之文，身居伊、洛之間忽矚昆、荊之寶。捧對歡欣，手舞足蹈。昔季重蒙魏君之劄，唯敘暌離；慧遠辱晉帝之書，才令給米。未睹詞兼空寂可捨之旨，誨示大隱朝市之情。固知聖主之懷，窮真罄俗，綜有該無。超羲、軒而更高，駕曹、馬而逾遠者矣。但玄奘素絲之質，尤畏朱藍，葛虆之身，寔希松杞。思願媲煙霞於少室，偶泉石於嵩阿，允避溺之

情，終防火之志。所以敢竭愚瞽，昧死陳聞，庶陶甄之慈無遺梟鷃，雲雨之澤不棄蚑。而明詔霈臨，不垂亮許。仍降恩獎，曲存輝賁。五情戰懼，不知所守。既戢來言，不敢更請。謹附表謝文，唯增悚越。」

冬十一月五日，佛光王晬日，法師又進法衣一具上佛光王。表曰：「沙門玄奘言。玄奘聞蘭榮紫畹，過之者必歡，桂茂青溪，逢之者斯悅。卉木猶爾，況人倫乎，況聖胤乎。伏惟皇帝、皇后挹神叡之姿，懷天地之德，撫寧區夏，子育群生。兼復大建伽藍，廣興福聚，益寶圖常恒不變之業，助鼎命金剛堅固之因。既妙善薰修，故使皇大子機神日茂，潞王懿傑逾明。佛光王岐嶷增朗，可謂超周越商，與黃比崇，子子孫孫萬年之慶者也。玄奘猥以庸微，時得參見王等，私心踴悅，誠歡誠喜。今是佛光王誕之日，禮有獻賀，輒率愚誠，謹上法服一具。伏願王子萬神擁衛，百福扶持，寤寐安和，乳哺調適。紹隆三寶，摧伏四魔，行菩薩行，繼如來事。不勝瓊萼天枝，英華美茂，歡喜之至。謹附表並衣以聞。輕觸宸嚴，追深戰越。」

法師時在積翠宮翻譯，無時暫輟，積氣成疾。奏帝，帝聞之不悅，即遣供奉內醫呂弘哲宣敕慰問法師。法師悲喜不已，進表謝曰：「沙門玄奘言。使人呂弘哲等至，宣敕慰問玄奘所患，並許出外將息。慈旨忽臨，尪骸用起，若對旒冕，如實冰泉。玄奘攝慎乖方，疹瘵仍集。自違離鑾蹕，倍覺嬰纏，心痛背悶，骨酸肉楚，食眠頓絕，氣息漸微，恐有不圖，點穢宮宇。思欲出外自屏溝壑，仍恐驚動聖聽，不敢即事奏聞。遂依問藉出至寺所，病既因勞轉篤，心亦分隔明時。乃有尚藥司醫張德志為其針療，因漸瘳降，得存首領。還顧專輒之罪，自期粉墨之誅。伏惟日月之明久諒愚拙，江海之澤每肆含容，豈可移幸於至微，屈法於常典。望申公道，以穆憲司，枉獄為輕，伏鈇是俟。而殘魂朽質，仍被恩光，撫臆言懷，用銘肌骨。自惟傴頓，非復尋常，縱微下里之憂，亦盡生涯之冀，但恨隆恩未答，末命先虧。仰惟帝勤，親勞蒐狩，期於閱武，情在訓戎。既昭仁於放麟，又策勳於獻鳳，遐邇慶集，上下歡並。風後清塵，山只護野。敬惟動止，固極休禎。申誠於十旬，浹辰而返；鄙宣遊於八駿，密邇而旋。王乘可佇，永懷以慰，撫事恫惶，終期隕越。不勝荷懼之至。謹奉表待罪以聞。荒惝失圖，伏聽敕旨。」

帝覽表甚歡。經三日後，遣使迎法師入，四事供養，留連累日，敕送法師還積翠宮仍舊宣譯焉。

冬十二月改洛陽宮為東都。嫌封畿之褊隘，乃東分鄭州之氾水、懷州之

河陽，西廢谷州，取宜陽、永寧、新安、澠池等縣皆隸屬焉。法師以鄉邑增貴，修表賀曰：「沙門玄奘言。竊聞鶉首錫秦，上帝兆金城之據；龜圖薦夏，中畿啟玉泉之竅。是知靈貺所基，皇猷顯屬。昌誦由其卜遠，高光所以闡期。允迪厥猷，率遵斯在。伏惟皇帝、皇后揆物裁務，懸衡撫俗。即土中之重隩，匪虞巡而駐蹕；因舊制之環偉，儀鎬京而建郊。仍以卑宮載懷，改作勞於曩役；馭奔在念，軫居逸於晨興。自非折衷華夷，均一徭輸，豈能留連聖眷，煥汗綸言。是以令下之初，山川鬱其改觀；柘制爰始，煙雲霏而動色。飛甍日麗，馳道風清，神期郤向，彝倫鬱穆。若賦武昌之魚，樂遷王里；爭企雲亭之鶴，願奉屬車。既小晉、鄭之依，更褊劉、張之策。前王齷齪，豐、洛遞開，我後牢籠，伊、咸並建。麟宗克茂，鼎祚惟遠，自可東宴平樂，西臨建章。佇吹笙而駐壽，秉在藻而流詠。蕩蕩至公，巍巍罕述。奘散材莫效，貽懼增深。但三川之郊，猥沾故里；千載之幸，鬱為新邑。蓽門雖翳，弱命猶存；喜編轂下，匪慚關外。況光宅之慶，遐邇所同歡；聖上允安，庸微所特荷。不勝喜抃之極。謹奉表陳謝以聞。」

三年春正月，駕還西京，法師亦隨歸。

顯慶三年正月，駕自東都還西京，法師亦隨還。

秋七月，再有敕法師徙居西明寺。寺以元年秋八月戊子十九日造，先有敕曰，以延康坊王故宅為皇太子分造觀、寺各一，命法師案行其處。還奏地窄不容兩所，於是總用營寺，其觀改就普寧坊。仍先造寺，以其年夏六月營造功畢。其寺面三百五十步，周圍數里，左右通衢，腹背廛落。青槐列其外，淥水互其間，亹亹耽耽，都邑仁祠此為最也。而廊殿樓臺，飛驚接漢，金鋪藻棟，眩日暉霞。凡有十院，屋四千餘間。莊嚴之盛，雖梁之同泰，魏之永寧，所不能及也。

敕先委所司簡大德五十人、侍者各一人，後更令詮試業行童子一百五十人擬度。至其月十三日，於寺建齋度僧，命法師看度。至秋七月十四日，迎僧入寺，其威儀、幢蓋、音樂等一如入慈恩及迎碑之則。敕遣西明寺給法師上房一口，新度沙彌海會等十人充弟子。帝以法師先朝所重，嗣位之後禮敬逾隆，中使朝臣問慰無絕，嚫施綿帛、綾綿前後萬餘段，法服納袈裟等數百事，法師受已皆為國造塔及營經像，給施貧窮並外國婆羅門客等，隨得隨散，無所貯畜，發願造十俱胝像，百萬為一俱胝，並造成矣。

東國重於《般若》，前代雖翻，不能周備，眾人更請委翻。然《般若》部

大，京師多務，又人命無常，恐難得了，乃請就於玉華宮翻譯，帝許焉。

即以四年冬十月，法師從京發向玉華宮，並翻經大德及門徒等同去，其供給諸事一如京下，至彼安置肅誠院焉。

至五年春正月一日，起首翻《大般若經》，經梵本總有二十萬頌，文既廣大，學徒每請刪略，法師將順眾意，如羅什所翻，除繁去重。作此念已，於夜夢中。即有極怖畏事以相警誡，或見乘危履嶮，或見猛獸搏人，流汗戰慄，方得免脫。覺已驚懼，向諸眾說，還依廣翻。夜中乃見諸佛菩薩眉間放光，照觸己身，心意怡適。法師又自見手執花燈供養諸佛，或升高座為眾說法，多人圍繞，讚歎恭敬。或夢見有人奉己名果，覺而喜慶，不敢更刪，一如梵本。佛說此經凡在四處：一王舍城鷲峰山；二給孤獨園；三他化自在天王宮；四王舍城竹林精舍。總一十六會，合為一部。然法師於西域得三本，到此翻譯之日，文有疑錯，即按三本以定之，慇懃省覆，方乃著文，審慎之心，古來無比。或文乖旨奧，意有躊躇，必覺異境似若有人授以明決。情即豁然，若披雲睹日。自云：「如此悟處，豈斯淺懷所通，並是諸佛菩薩所冥加耳。」經之初會有嚴淨佛土品，品中說諸菩薩摩訶薩眾為般若波羅蜜故，以神通願力，盛大千界上妙珍寶、諸妙香花、百味飲食、衣服、音樂、隨意所生五塵妙境種種供養，嚴說法處。時玉華寺主慧德及翻經僧嘉尚，其夜同夢見玉華寺內廣博嚴淨，綺飾莊嚴，幢帳、寶輿、花幡、伎樂盈滿寺中，又見無量僧眾手執花蓋，如前供具，共來供養《大般若經》，寺內衢巷牆壁皆莊綺錦，地積名華，眾共履踐。至翻經院，其院倍加勝妙，如經所載，寶莊嚴土。又聞院內三堂講說，法師在中堂敷演。既睹此已，歡喜驚覺，俱參法師說所夢事。法師云：「今正翻此品，諸菩薩等必有供養。諸師等見信有此乎？」時殿側有雙奈樹，忽於非時數數開花，花皆六出，鮮榮紅白，非常可愛。時眾詳議云，是《般若》再闡之徵。又六出者，表六到彼岸。然法師翻此經時，汲汲然恒慮無常，謂諸僧曰：「玄奘今年六十有五，必當卒命於此伽藍，經部甚大，每懼不終，努力人加勤，勿辭勞苦。」

至龍朔三年冬十月二十三日，功畢絕筆，合成六百卷，稱為《大般若經》焉。合掌歡喜，告徒眾曰：「此經於漢地有緣，玄奘來此玉華者，經之力也。向在京師，諸緣牽亂，豈有了時。今得終訖，並是諸佛冥加，龍天擁祐，此乃鎮國之典，人天大寶，徒眾宜各踴躍欣慶。」時玉華寺都維那寂照，慶賀功畢，設齋供養。是日請經從肅誠殿往嘉壽殿齋所講讀。當迎經時，《般若》放

光，照燭遠彌，兼有非常香氣。法師謂門人曰：「經自記此方當有樂大乘者國王、大臣、四部徒眾，書寫受持，讀誦流佈，皆得生天究竟解脫。既有此文，不可緘默。」

至十一月二十日，令弟子窺基奉表奏聞，請御製經序。至十二月七日，通事舍人馮茂宣敕垂許。

法師翻《般若》後，自覺身力衰竭，知無常將至，謂門人曰：「吾來玉華，本緣《般若》，今經事既終，吾生涯亦盡，若無常後，汝等遣吾宜從儉省，可以蘧蒢裹送，仍擇山澗僻處安置，勿近宮寺。不淨之身宜須屏遠。」門徒等聞之哀哽，各撫淚啟曰：「和尚氣力尚可，尊顏不殊於舊，何因忽出此言？」法師曰：「吾自知之，汝何由得解。」

麟德元年春正月朔一日，翻經大德及玉華寺眾慇懃啟請翻《大寶積經》。法師見眾情專至，俛仰翻數行訖，便攝梵本停住，告眾曰：「此經部軸與《大般若》同，玄奘自量氣力不復辦此，死期已至，勢非賒遠。今欲往蘭芝等谷禮拜辭俱胝佛像。」於是與門人同出，僧眾相顧莫不潸然。禮訖還寺，專精行道，遂絕翻譯。

至八日，有弟子高昌僧覺因向法師自陳所夢，見有一浮圖端嚴高大，忽然崩倒，見已驚起，告法師。法師曰：「非汝身事，此是吾滅謝之徵。」

至九日暮間，於房後度渠，腳跌倒，脛上有少許皮破，因即寢疾。氣候漸微。

至十六日，如從夢覺，口云：「吾眼前有白蓮華，大於盤，鮮淨可愛。」十七日，又夢見百千人，形容偉大，俱著錦衣，將諸綺繡及妙花珍寶，裝法師所臥房宇以次裝嚴遍翻經院內外，爰至院後山嶺林木，悉豎幡幢，眾彩間錯，並奏音樂；門外又見無數寶輿，輿中香食美果色類百千，並非人中之物，各各擎來供養於法師。法師辭曰：「如此珍味，證神通者方堪得食。玄奘未階此位，何敢輒受。」雖此推辭而進食不止。侍人謦欬，遂爾開目，因向寺主慧德具說事。法師又云：「玄奘一生以來所修福慧，準斯相貌，欲似功不唐捐，信如佛教因果並不虛也。」遂命嘉尚法師具錄所翻經、論，合七十四部，總一千三百三十八卷。又錄造俱胝畫像、彌勒像各一千幀，又造塑像十俱胝，又寫《能斷般若》、《藥師》、《六門陀羅尼》等經各一十部，供養悲、敬二田各萬餘人，燒百千燈，贖數萬生。錄訖，令嘉尚宣讀，聞已合掌喜慶。又告門人曰：「吾無常期至，意欲捨墮，宜命有緣總集。」於是罄捨衣資，更令造像，並請僧行道。

　　至二十三日，設齋嚫施，其日又命塑工宋法智於嘉壽殿豎菩提像骨已，因從寺眾及翻經大德並門徒等乞歡喜辭別，云：「玄奘此毒身深可厭患，所作事畢，無宜久住，願以所修福慧回施有情，共諸有情同生睹史多天彌勒內眷屬中奉事慈尊，佛下生時亦願隨下廣作佛事，乃至無上菩提。」辭訖，因默正念，時復口中誦：色蘊不可得，受想行識亦不可得；眼界不可得，乃至意界亦不可得；眼識界不可得，乃至意識界亦不可得；無明不可得，乃至老死亦不可得；乃至菩提不可得，不可得亦不可得。復口說偈教傍人云：南無彌勒、如來應正等覺，願與含識速奉慈顏，南無彌勒、如來所居內眾，願捨命已，必生其中。時寺主慧德又夢見有千軀金像從東方來，下入翻經院，香花滿空。

　　至二月四日夜半，瞻病僧明藏禪師見有二人各長一丈許，共捧一白蓮華如小車輪，花有三重，葉長尺餘，光淨可愛，將至法師前。擎花人云：「師從無始已來所有損惱有情諸有惡業因，今小疾並得消除，應生欣慶。」法師顧視，合掌良久，遂以右手而自支頭，次以左手申左髀上，舒足重疊右脅而臥，迄至，命終竟不回轉，不飲不食。

　　至五日夜半，弟子光等問云：「和尚決定得生彌勒內院不？」法師報云：「得生。」言訖，喘息漸微。少間神逝，侍人不覺，屬纊方知，從足漸冷，最後頂暖，顏色赤白，怡悅勝常，過七七日竟無改變，亦無異氣。自非定慧莊嚴，戒香資被，孰能致此。

　　又慈恩寺僧明慧業行精苦，初中後夜念誦經行無時懈廢，於法師亡夜夜半後，旋遶佛堂行道，見北方有白虹四道，從北亙南貫井宿，直至慈恩塔院，皎潔分明，心怪所以。即念往昔如來滅度，有白虹十二道從西方直貫太微，於是大聖遷化。今有此相，將非玉華法師有無常事耶。天曉向眾說其所見，眾咸怪之。至九日旦，凶問至京，正符虹現之象，聞者嗟其感異。

　　法師形長七尺餘，身赤白色，眉目疏朗，端嚴若神，美麗如畫。音詞清遠，言談雅亮，聽者無厭。或處徒眾，或對嘉賓，一坐半朝，身不傾搖。服尚幹陀，裁唯細㲲，脩廣適中，行步雍容，直前而視，輒不顧眄。滔滔焉若大江之紀地，灼灼焉類芙蕖之在水。加以戒範端凝始終如一，愛惜之志過護浮囊，持戒之堅超逾係草。性愛怡簡，不好交遊，一入道場，非朝命不出。

　　法師亡後，西明寺上座道宣律師有感神之德，至乾封年中見有神現，自云：「弟子是韋將軍諸天之子，主領鬼神。如來欲入涅槃，敕弟子護持瞻部遺法，比見師戒行清嚴，留心律部，四方有疑皆來諮決，所制輕重儀，時有乖

錯。師年壽漸促，文記不正，便誤後人，以是故來示師佛意。」因指宣所出律抄及輕重儀僻謬之處，皆令改正。宣聞之悚栗悲喜，因問經、律、論等心所不決，神並為決之。又問古來傳法之僧德位高下，並亦問法師。神答曰：「自古諸師解行互有短長而不一準，且如奘師一人，九生已來備修福慧，生生之中外聞博洽，聰慧辯才，於贍部洲脂那國常為第一，福德亦然。其所翻譯，文質相兼，無違梵本。由善業力，今見生睹史多天慈氏內眾，聞法悟解，更不來人間受生。」神授語訖，辭別而還。宣因錄入別記，見在西明寺藏矣。據此而言，自非法師高才懿德乃神明知之，豈凡情所度。

法師病時，檢校翻經使人許玄備以其年二月三日奏云：「法師因損足得病。」至其月七日，敕中御府宜遣醫人將藥往看。所司即差供奉醫人張德志、程桃捧將藥急赴。比至，法師已終，醫藥不及。時坊州刺史竇師倫奏法師已亡，帝聞之哀慟傷感，為之罷朝。數曰：「朕失國寶矣。」時文武百僚莫不悲哽流涕，帝言已嗚噎悲不能勝。翌日，又謂群臣曰：「惜哉！朕國內失奘師一人，可謂釋眾梁摧矣，四生無導矣。亦何異於苦海方闊，舟楫遽沈，暗室猶昏，燈炬斯掩。」帝言已，嗚咽不止。至其月二十六日，下敕曰：「竇師倫所奏玉華寺僧玄奘法師既亡，葬事所須並令官給。」至三月六日，又有敕曰：「玉華寺奘法師既亡，其翻經之事且停。已翻成者，準舊例官為抄寫；自余未翻者，總付慈恩寺守掌勿令損失。其玄奘弟子及同翻經僧。先非玉華寺僧者，宜各放還本寺。」至三月十五日，又有敕曰：「玉華寺僧玄奘法師葬日，宜聽京城僧尼造幡蓋送至墓所。」法師道茂德高，為明時痛惜故，於亡後重疊降恩，求之古人無比此也。

於是門人遵其遺命，以籧篨為輿，奉神柩還京，安置慈恩翻經堂內。弟子數百哀號動地，京城道俗奔赴哭泣，日數百千。以四月十四日將葬滻之東，都內僧尼及諸士庶共造殯送之儀，素蓋、幡幢、泥洹、帳輿、金棺、銀槨、娑羅樹等五百餘事，布之街衢，連雲接漢，悲笳淒挽，響匝穹宇，而京邑及諸州五百里內。送者百餘萬人。雖復喪事華整，而法師神柩仍在籧篨本輿。東市絹行用繒三千匹結作泥洹輿，兼以花佩莊嚴，極為殊妙，請安法師神柩。門徒等恐虧師素志，因止之。乃以法師三衣及國家所施百金之納置以前行，籧篨輿次其後，觀者莫不流淚哽塞。是日縞素宿於帳所者三萬餘人。十五日旦，掩坎訖，即於墓所設齊而散。是時天地變色，鳥獸鳴哀，物感既然，則人悲可悉。皆言愛河尚森，慈舟遽沈，永夜猶昏，慧燈先滅，攀戀之痛如亡眼目，不直比之山頹木壞而已。惜哉！

　　至總章二年四月八日，有敕徙葬法師於樊川北原，營建塔宇。蓋以舊所密邇京郊，禁中多見，時傷聖慮，故改卜焉。至於遷殯之儀，門徒哀感，行侶悲慟，切彼往初。嗚呼！

（據《大慈恩寺三藏法師傳》〔註187〕）

唐京大慈恩寺梵僧那提

　　那提三藏，唐曰福生，具依梵言，則云布如烏代邪，以言煩多故，此但訛略而云那提也，本中印度人。少出家，名師開悟，志氣雄遠，弘道為懷。歷遊諸國，務在開物。而善達聲明，通諸詁訓。大夏召為文士。擬此土蘭臺著作者，性泛愛好奇，尚聞有涉悟，不憚遠夷，曾往執師子國，又東南上楞伽山。南海諸國隨緣達化，善解書語，至即敷演，度人立寺。所在揚扇，承脂那東國盛轉大乘佛法崇盛贍洲稱最。乃搜集大小乘經律論五百餘夾，合一千五百餘部，以永徽六年創達京師。有敕令於慈恩安置，所司供給。時玄奘法師，當途翻譯聲華騰蔚，無有克彰。掩抑蕭條，般若是難，既不蒙引返充給使。顯慶元年，敕往崑崙諸國採取異藥。既至南海，諸王歸敬為別立寺，度人授法，弘化之廣，又倍於前。以昔被敕往理須返命，慈恩梵本擬重尋研。龍朔〔註188〕三年還返舊寺，所齎諸經，並為奘將北出。意欲翻度，莫有依憑，惟譯《八曼荼羅禮佛法》、《阿吒》、《那智》等三經。要約精最，可常行學。其年南海真臘國〔註189〕，為那提素所化者，奉敬無己。思見其人，合國宗師假塗遠請，乃云：「國有好藥，唯提識之，請自採取。」下敕聽往，返亦未由。余自博訪大夏行人云：「那提三藏，乃龍樹之門人也。所解無相，與奘頗返。」西梵僧云：「大師隱後，斯人第一深解實相善達方便，《小乘五部毗尼》、《外道四韋陀論》，莫不洞達源底，通明言義。詞出珠聯，理暢霞舉。所著《大乘集義論》可有四十餘卷，將事譯之，被遣遂闕。夫以抱麟之歎，代有斯蹤，知人難哉，千齡罕遇。」那提挾道遠至，投俾北冥，既無所待，乃三被毒載充南役，崎嶇數萬，頻歷瘴氣，委命斯在，嗚呼惜哉。

（據《續高僧傳》卷四《譯經》）

〔註187〕【唐】慧立、彥悰：《大慈恩寺三藏法師傳》，孫毓棠、謝方點校，北京：中華書局，1983年。
〔註188〕龍朔：唐高宗李治的年號，即公元661～663年。
〔註189〕真臘國：中南半島古國，在今柬埔寨境內。

周長安崇華寺釋慧善

釋慧善，幼出家，善《法勝》、《毗曇》，住楊都棲玄寺。徵擊論道，四座
驚神。會有梁末序，逃難江陵，承聖季年，因俘秦壤，住長安崇華寺。義學之
美，為周冢宰見知，別修供養，敷導終老。以天和年卒於長安，時年六十。善
以《大智度論》每引小乘，相證成義，故依文次第，散釋精理，譬諸星月，助
朗太陽。猶如眾花繽紛而散亂，故著斯文名為《散花論》也，其序略云：「著
述之體，貴言約而理豐，余頗悉諸作，而今覯縷者，正由斯轍，罕人諳練，是
以觸義殷勤，逢文指掌。有詳覽者，想鑒茲焉。文多不盡。

（據《續高僧傳》卷八《義解》）

唐京師勝光寺釋道宗

釋道宗，俗姓孫氏，萊州即墨人。少從青州道藏寺道奘法師，學通經論。
奘明達識慧，標舉河海，名播南北，立四種黎耶，聞薰解性，佛果等義，廣如
別傳。宗受業《智論》、《十地》、《地持》、《成實》、《毗曇》，大小該博。晚住
州中游德寺，寺即宗之所造。房堂園圃，悉是經論，聲名雄遠，玄素攸仰。及
講大論，天雨眾花，旋繞講堂，飛流戶內，既不委地，久之還去，合眾驚嗟，
希有瑞也。宗雖目對，初不怪之，行講如初，後不重述，時共伏其遠度。晚住
慧日，英彥同聚，該富是推，常講成實，弘匠後學，偽鄭欽敬，禮問憂繁。上
清東夏，又欽德素。召入西京住勝光寺，復延入弘義宮，通霄法集，群后百
辟，咸從伏聽，披闡新異，振發時心。自爾周輪，隨講無替，雖無成濟，而學
者推焉。以武德六年卒於所住，春秋六十一。秦府下教，贈物二百段，收葬於
終南山至相寺之南岩。

（據《續高僧傳》卷十一《義解》）

唐京師大莊嚴寺釋保恭

釋保恭，姓崔，青州人也，晉永嘉南遷止於建業。父超，道本州刺史，十
一投昊法師……

仁壽末年，獻后崩背，帝造佛寺綜御須人，僉委聲實，以狀聞奏，下敕
徵入為禪定道場主，綱正僧網，清肅有聞。迄於隋代，常涖斯任。隋齊王暕，
奉其道德，禮以為師。既受戒，已施衣五百領，一無所受，乃從餘散。唐運初
興，歸心泉石，遂避官於藍田悟真寺。棲息林岫，將事終焉。而御眾攝持，聲

光帝里。武德二年，下敕召還，依舊檢校，仍改禪定為大莊嚴。及舉十德，統攝僧尼。京輦諸僧，懾憚威嚴，遂不登及。高祖聞之曰：「恭禪師志行清澄，可為綱統，朕獨舉之，既位斯任，諸無與對。」遂居大德之右，專當剖斷，平恕衷詣，眾無怨焉。以武德四年十二月十九日卒於大莊嚴寺，春秋八十。初恭弱年入道，志力兼常，不以利傾，不以威動，敦肅嚴毅，深有大猷。曾經山行，虎伏前道，從邊直過，情無顧及。大業中年，梟感起逆，僧有競者言與同謀，於時正在堂中，登坐豎義，兵衛奄至，圍繞階庭，合眾驚惶，將散其席，恭曰：「自省無事，待論議訖，當自辯之。」從容談敘，都無異色，斯例甚眾，略陳一二。由茲風問陳、隋、唐代，三國天子之所隆焉。葬於京郊之西南，其碑唐秘書監蕭德言制文。

（據《續高僧傳》卷十一《義解》）

唐京師大興善寺釋法侃

釋法侃，姓鄭氏。榮陽人也。弱年從道，志力堅明，體理方廣，常流心府。聞泰山靈巖行徒清肅瑞跡，屢陳遠揚，榮澤年未登冠，遂往從焉。會彼眾心，自欣嘉運。及進具後，勵節弘規，預在清訓，務機登踐……隋煬晉蕃，昔鎮揚越，搜舉名器，入住日嚴，以侃道洽江潯，將欲英華京部。乃召而隆遣，既達本寺，厚供禮之，盛業弘被，棲心止觀，時復開道《唯識》，味德禮懺，匠益惰學，亟動物心。仁壽二年，文帝感瑞。廣召名僧，用增像化，敕侃往宣州安置舍利，既奉往至，統敘國風，陶引道俗，革化歸法者，數亦殷矣。初孟春下詔之日，宣州城內官倉之地，夜放光明，紅赤洞發，舉焰五丈，廣一丈許，官人軍防，千有餘人，一時奔赴，謂是火起。及至倉所，乃是光相，古老傳云：此倉本是永安舊寺也。至於明日永安寺擬置塔處，又放光明，如前無異，眾並不委其然也。季春三月，侃到宣州權止公館，案行置所，通皆下濕，一州之上，不過永安，既預光待，因構塔焉。又令掘倉光之處，果得石函，恰同棺樣，不須繕造，因藏舍利。又降甘露，凝於樹枝，香甘過世，又感紫芝一枚，生於舍利堂壁，九枚盤曲，光色殊異，遂令以表聞奏。又造塔黎州〔註190〕，還令侃往。初至館停，聞空中天樂，繁會聒耳，道俗慶之。又感異香，互來充鼻，掘地四尺，獲一古瓦，銘云：千秋萬歲樂未央。侃奉福弘業，亟發徵祥，

〔註190〕黎州：古地名，治在今四川漢源。

抑是冥通，豈唯人事，旋還京邑，講授相尋。大唐受禪，情存護法，置十大德，用清朝寄。時大集僧眾，標名序位，侃儀止肅然，挺超莫擬，既德充僧望，遂之斯任，恂恂善誘，弘悟繁焉。晚移興善，講導無替。武德六年十一月卒於所住，春秋七十三矣。殯於東郊馬頭穴內。

　　侃學專《攝論》，躡足親依，披析幽旨，渙然標詣，解義釋名，見稱清澈，諸赴聽者，欣其指況。有道撫法師者，俊穎標首，京城所貴，本住總持，宗師異解，用通《攝論》。及臨侃席，數扣重關，束心展禮，餐承音訓，遂捨其本習，從歸真諦。且侃形相英偉，庠序端隆，折旋俯仰，皆符古聖，所以隋朝盛德，行業乃殊。至於容服可觀，引命徵召，必以侃為言首，其威儀之選為如此也。及其少服紫石，老遂苦之，醫診云：「須以豬肉用厭藥勢。」侃曰：「終須一謝，豈得噉他。」因縱疾取終，其翹誠重物又若於此。侃初立名，立人安品，後值內惠日道場沙門智騫曰：「侃之為字，人口為信，又從川字，言信的也，因從之。」

（據《續高僧傳》卷十一《義解》）

唐京師延興寺釋吉藏

　　釋吉藏，俗姓安，本安息人也。祖世避仇，移居南海，因遂家於交廣之間。後遷金陵，而生藏焉……

　　開皇末歲，煬帝晉蕃置四道場，國司供給，釋李兩部，各盡搜揚，以藏名解著功，召入慧日，禮事豐華，優賞倫異。王又於京師置日嚴寺，別教延藏往彼居之，欲使道振中原，行高帝壤。既初登京輦，道俗雲奔，見其狀，則傲岸出群；聽其言，則鍾鼓雷動。藏乃遊諸名肆，薄示言蹤，皆掩口杜辭，趑能其對。然京師欣尚，妙重《法華》，乃因其利，即而開剖。時有曇獻禪師，禪門鉦鼓，樹業光明，道俗陳跡，創首屈請敷演，會宗七眾，聞風造者萬計，隘溢堂宇，外流四面，乃露縵廣筵，猶自繁擁，豪族貴遊，皆傾其金貝；清信道侶，俱慕其芳風。藏法化不窮，財施填積，隨散建諸福田，用既有餘，乃充十無盡。藏委付曇獻，資於悲敬。逮仁壽年中，曲池大象，舉高百尺，繕修乃久，身猶未成，仍就而居之，誓當構立，抽捨六物，並託四緣，旬日之間，施物連續，即用莊嚴，峙然高映，故藏之福力能動物心，凡有所營，無非成就。隋齊王暕，夙奉音猷，一見欣至，而未知其神府也，乃屈臨第，並延論士，京輦英彥，相從前後六十餘人。並已陷折前鋒，令名自著者，皆來總集，藏為論主，命章陳曰：「以有怯之心，登無畏之座，用木訥之口，釋解頤之談，如此

數百句。」王顧學士傅德充曰：「曾未延鋒禦寇，止如向述，恐罕追斯蹤。」充曰：「動言成論，驗之今日。」王及僚友同歡稱美。時沙門僧粲，自號三國論師，雄辯河傾，吐言折角，最先徵問，往還四十餘番。藏對引飛激，注瞻滔然，兼之間施體貌，詞采鋪發，合席變情，報然而退。於是芳譽更舉，頓爽由來。王謂未得盡言，更延兩日，探取義科，重令豎對，皆莫之抗也。王稽首禮謝，永歸師傅，並襯吉祥塵尾及諸衣物。晚以大業初歲，寫二千部《法華》。隋歷告終，造二十五尊像。舍房安置，自處卑室，昏曉相仍，竭誠禮懺。又別置普賢菩薩像，帳設如前，躬對坐禪，觀實相理，鎮累年紀，不替於茲。及大唐義舉，初屆京師，武皇親召釋宗，謁於虔化門下。眾以藏機悟有聞，乃推而敘對曰：「惟四民塗炭，乘時拯溺，道俗慶賴，仰澤穹旻。」武皇欣然，勞問勤勤，不覺影移。語久，別敕憂矜，更殊恒禮。武德之初，僧過繁結，置十大德，綱維法務，宛從初議，居其一焉。實際定水，欽仰道宗，兩寺連請，延而住止，遂通受雙願，兩以居之。齊王元吉，久揖風猷，親承師範，又屈住延興，異供交獻。藏任物而赴，不滯行。藏年氣漸衰，屢增疾苦，敕賜良藥，中使相尋。自揣勢極難瘳，懸露非久，乃遺表於帝曰：「藏年高病積，德薄人微，曲蒙神散，尋得除愈，但風氣暴增，命在旦夕，悲戀之至，遺表奉辭，伏願久住世間，緝寧家國，慈濟四生，興隆三寶。」儲後諸王，並具遺啟，累以大法，至於清旦，索湯沐浴，著新淨衣，侍者燒香，令稱佛號。藏加坐儼思，如有喜色。齋時將及，奄然而化，春秋七十有五，即武德六年五月也。遺命露骸，而色逾鮮白，有敕慰賻，令於南山覓石龕安置。東宮以下諸王公等，並致書慰問，並贈錢帛。今上初為秦王，偏所崇禮，乃通慰曰：「諸行無常，藏法師道濟《三乘》、名高《十地》，惟懷弘於《般若》，辯囿包於解脫。方當樹德淨土，闡教禪林，豈意湛露晞晨，業風飄世，長辭奈苑，遽掩松門，兼以情切緒言，見存遺旨，跡留人往，彌用淒傷，乃送於南山至相寺。時屬炎熱，坐於繩床，屍不催臭，加趺不散。弟子慧遠，樹續風聲，收其餘骨，鑿石瘞於北岩，就而禪德。初藏年位息慈，英名馳譽，冠成之後，榮扇逾遠，貌象西梵，言實東華，含嚼珠玉，變態天挺，剖斷飛流，殆非積學，對晤帝王，神理增其恒習；決滯疑議，聽眾忘其久疲。然而愛狎風流，不拘檢約，貞素之識，或所譏焉。加又縱達論宗，頗懷簡略，御眾之德，非其所長。在昔陳隋廢興，江陰凌亂，道俗波迸，各棄城邑，乃率其所屬往諸寺中。但是文疏並皆收聚，置於三間堂內，及平定後，方洮簡之。故目學之長，勿過於藏，注引宏廣，咸由此

焉。講《三論》一百餘遍,《法華》三百餘遍,《大品》、《智論》、《華嚴》、《維摩》等各數十遍,並著《玄疏》,盛流於世。及將終日,制死不怖論,落筆而卒,詞云:略舉十門,以為自慰。夫含齒戴髮,無不愛生而畏死者,不體之故也。夫死由生來,宜畏於生,吾若不生,何由有死,見其初生,即知終死,宜應泣生,不應怖死。文多不載。慧遠依承侍奉,俊悟當時,敷傳法化,光嗣餘景,末投跡於藍田之悟真寺。時講京邑,亟動眾心,人世即目,故不廣敘。

(據《續高僧傳》卷十一《義解》)

唐京師淨影寺釋善冑

釋善冑,俗姓淮氏,瀛州人……隋初,度北依遠法師,止於京邑,住淨影寺。聽徒千數,並鋒銳一期。而冑覆述豎義,神采秀髮,偏師論難,妙通解語,遠製《涅槃》、《文疏》,而冑意所未弘,乃命筆改張剖成卷軸,鑿深義窟利寶罔遺,遠聞告曰:「知子思力無前,如何對吾改作,想更別圖可耶。」冑曰:「若待法師,即世方有修定,則冑之虛名,終無實錄。」遠乃從之,疏既究成,分宗匠世,亟有陳異。遠亡之後,敕令於淨影寺為涅槃眾主。開皇將末,蜀王秀鎮部梁益,攜與同行,岷嶓望德日歸成務。逮仁壽末歲,還返關中,處蜀道財,悉營尊像,光坐嚴飾,絕世名士,雖途經危險。而步運並達。在京供養,以為模範。會文帝置塔,敕送舍利於梓州〔註191〕牛頭山華林寺。嚴輿將達,感豬八頭突到輿下,從行至館,驅逐乃走,還來如故。漸至城治,黑蜂四枚,形甚壯偉,隨輿旋繞,數匝便去。既至州館,夜放大光,明徹屋上,如火焰發,食頃方滅。又掘塔基入深丈餘,正當函處得古瓷瓶,無蓋有水,清澄香美,乃用盛於函內。寺有九層浮圖,從西南角第二級放光,上照相輪如五石甕許,黃赤如火,良久方隱。又堂內彌勒像亦放眉間紫光,並二菩薩亦放赤光通照寺院,前後七度,眾人同見,除不來者。及大業造寺,廣召德僧,冑應高選。又住禪定,屢開法席,傳向相尋,因感風疾,唇口喎偏,時人謂:「改張遠疏之所及也。」初遠以《涅槃》為五分,末為闍維分。冑尋之揣義,改為七分,無有闍維,第七雲結,化歸宗分。自風疾多載,而問難尋常,為諸學者所共驚憚。後忽患損口如恒日,冑曰:「吾患既差,命必終矣,此不可怪,理數然也。」大業十三年欲返本寺,眾不許之,乃以土塞口,欲自取

〔註191〕梓州:古地名,治在今四川三臺。

死，寺眾見其志決，方復開許。以武德三年八月內終於淨影寺，春秋七十有一。初患篤，謂門人曰：「吾一生正信在心，於佛理教，無心輕略，不慮淨土不生。」即令拂拭房宇，燒香嚴待，病來多日，委臥不起。忽爾自坐合掌，語侍人曰：「安置世尊令坐。」口云：「世尊來也。」胃今懺悔慚愧，如是良久曰：「世尊去矣。」低身似送。因臥曰：「向者阿彌陀佛來，汝等不見耶，不久吾當去耳。」語頃便卒，葬於城南韋曲之北崖。遵遺令也，弟子慧威住大總持，講尋宗跡，著名京室。

（據《續高僧傳》卷十二《義解》）

唐京師勝光寺釋辯相

釋辯相，姓史，瀛州人也。性愛虛靜，遊聽有聲，業綜經術，齊趙之方，備聞芳績。後旋洛下，涉諸法席。又往少林，依止遠公，學於《十地》、大小《三藏》，遍窺其隩隅，而於《涅槃》一部，詳覈有聞。末南投徐部，更採《攝論》及以《毗曇》，皆披盡精詣，傳名東壤，光問師資，眾所歸向。開皇七年，隨遠入輔，創住淨影，對講弘通。仁孝居心，崇仰師轍。仁壽置塔，敕令送舍利於越州大禹寺。民庶歡躍，欣見遺身，未及出間，光自湧現，青黃赤白四色，昭彰流溢於外，七眾嗟慶，勝心屢動。又於山側獲紫芝一枚，長二尺三寸，四支三蓋，光色鮮綺。還返京都，大弘法席。常聽學士一百餘人，並得領袖，當時親承音誥。大業之始，召入東都，於內道場，敷散如故，為鄭擁逼同固洛濱。武德初年，蒙敕延勞還歸京室，重弘經論，更啟蒙心。今上昔在弘義，欽崇相德，延入宮中。通宵法論，亟動天顧，贈錫豐美，乃令住勝光，此寺即秦國之供養也，故以居焉。晚以素業所資，慧門初闢，追崇淨影，仍就講說。又捨所遺圖遠形相，常存敬禮用光先範。以貞觀初年，因疾纏身，無由取逝，乃隱避侍人，自縊而卒，在於住寺，春秋七十餘矣。相為人敦素，形色鮮白，眉目濃朗，儀止閒泰，商搉名理，接頓詞義，有神采矣。

（據《續高僧傳》卷十二《義解》）

唐京師大總持寺釋寶襲

釋寶襲，貝州〔註192〕人。雍州三藏僧休法師之弟子。休聰達解，神理超

〔註192〕貝州：古地名，治在今河北邢臺。

逸，齊末馳聲，廣於東土。周平齊日，隱淪本州。天元嗣立，創開佛法，休初應詔為菩薩僧，與遵遠等同居陟岵。開皇七年，召入京輦，住興善寺。襲十八歸依，誦經為業，後聽經論，偏以《智度》為宗，布響關東，高問時傑。從休入京，訓勖為任。開皇十六年，敕補為大論眾主。於通法寺四時講化，方遠總集。逮仁壽造塔，又敕送舍利於嵩州〔註193〕嵩嶽寺。初雲霧暗合，七日蒙昧，襲乃擎爐發誓，願將限滿，下舍利時，得見日採，俄而所期既至，天開光耀，日當正午，既副情望，遂即藏翳。末又送於邢州泛愛寺，忽於函上見諸佛菩薩等像及以光明，周滿四面，不可殫言。通於二日，光始潛沒，而諸相猶存。及當下時，又見臥像一軀，赤光踴起，襲欣其所感，圖而奉敬。至文帝昇遐起大禪定，以名稱普聞召而供養。武德末年，卒於住寺，春秋八十矣。有弟子曇恭、明洪皆善《大論》，恭少而機辯，見解有名，屢講經論，京室稱善，護法匡弼，頗存聖言。貞觀初年，敕徵為濟法上座，綱維僧務，傳芳季緒。後召入弘福，又令知普光寺任，德為時須，故輪轉無定，卒於任所。洪亦以榮望當時，紹宗師業，召入普光。時復弘法，而專營浴供，月再洗僧，係踵安公，歸心慈氏云。

（據《續高僧傳》卷十二《義解》）

唐京師大總持寺釋慧遷

釋慧遷，瀛州人也。好學專問，愛玩地論，以為心賞之極，負錫馳騁，求慕郢匠，雖研精一部，而橫洞百家，每至難理，則群師具敘，有齊之時，早扇名實。又從遠公重流前業，義不再緣，周經一紀，並通《涅槃》、《地持》，並得講授。齊亡法毀，南奔陳國。大隋革運，又歸鄉壤。行經洛下，還附遠焉。故業新聞，備填胸臆。及遠入關，從而來至，住大興善，弘敷為任。開皇十七年，敕立五眾，請遷為《十地》眾主，處寶光寺，相續講說，聲類攸陳。仁壽二年，敕令送舍利於本鄉弘博寺，既至掘基，入地六尺，感發紫光，散沖塔上，其相如焰，似金像所佩者。又土上成字，黑文分明，云轉輪王佛塔也，見此靈相，咸慶希逢。仁壽四年，又於海州安和寺起塔，掘深五尺，便獲白土，色逾於粉，遍滿坑中，復深八尺，於白土內得白玉一枚，方餘徑尺，光潤難比。及將下旦，放大光明，通照城郭，色如紅火。舍利出瓶，分為六粒，現希

〔註193〕嵩州：古地名，治在今河南登封。

有事，眾皆歡訝。遷後頻開《十地》，京邑乃多無與比肩者。及大禪定興，召入處之。武德末年卒於所住，春秋七十有九矣。自遷之末後，《十地》一部，絕聞關壞，道由人弘，於斯驗矣，有心之寄，誠可勵諸。

（據《續高僧傳》卷十二《義解》）

唐京師大莊嚴寺釋慧因

釋慧因，俗姓于氏，吳郡海鹽〔註194〕人也。晉太常寶之後胤，祖樸，梁散騎常侍。父元，顯梁中書舍人。並碩學英才，世濟其美。因稟靈溫，清鑒僉通，徵音深靡，緇素欽屬。十二出家，事開善寺慧熙法師。志學之年，聽建初瓊法師《成實》，曾未具戒，便齊入室。慧聲廣被，道眾相推，而欣味靜心，未指章句。乃詣鍾山慧曉、智瓘二禪師，請授調心觀法，定水既清，道思逾肅。師襲宏略，曲盡幽微，而悟言神解，獨酌標緻。又造長干辯法師，稟學三論，窮實相之微言，弘滿字之幽旨。寫水一器，青更逾藍。辯後歸靜山林，便以學徒相委，受業弟子五百餘人，踵武傳燈將三十載。陳太建〔註195〕八年，安居之始，忽感幽使，雲王請法師，部從相誼，絲竹交響，當即氣同舍壽，體如平日。時經七夕，若起深定，學徒請問，乃云：「試看箱內見有何物。」尋檢有絹兩束，因曰：「此為贐遺耳。」重問其故，曰：「妄想顛倒，知何不為。吾被閻羅王召，夏坐講《大品》、《般若》，於冥道中謂經三月，又見地獄眾相，五苦次第，非夫慈該幽顯，行極感通，豈能赴彼冥祈，神遊異域。」陳僕射徐陵，高才通學，尚書毛喜，探幽洞微，時號知仁，咸歸導首。

隋仁壽三年起禪定寺，搜揚宇內，遠招名德。因是法門龍象，乃應斯會。既德隆物議，大眾宗歸，遂奉為知事上座，訓肅禪學，柔順誘附，清穆僧倫，事等威權，同思啟旦。又寺初勝集四海一期，名德相亞，通濟斯美，因又實兼之矣。頻講三論，並製文疏，要約標控，學者高奉。大唐弘運，重興佛日，舉十大德當其一焉。以身御法，不令而行，讓以得之，屈己成務，故京寺宿望，心敬遵承。咸崇菩薩戒師，後進具戒者，無不依而羯磨。左僕射蕭瑀，器局貞亮，玄風凝遠；刑部尚書沈叔安，溫彝弘雅，達信通神，並崇仰欽承，於茲二紀。因定慧兩明，空有兼照，弘法四代，常顯一乘，而莫競物情，喜怒無色，故遊其道者，莫測其位。以貞觀元年二月十二日卒於大莊嚴寺，春秋八十有

〔註194〕即浙江海鹽。
〔註195〕太建：南朝陳宣帝陳頊的年號，即公元569～582。

九。未終初夜告弟子法仁曰：「各如法住，善修三業，無令一生空過。當順佛語，勿變服揚哀，隨吾喪後，事不可矣。」乃整容如常，潛思入定於後夜分正坐而終，咸聞異香滿室，遂遷坐於南山至相寺，於時攀轅扶轂，道俗千餘，送至城南。又聞天樂鳴空，弟子等為建支提磚塔，勒銘封樹，蘭陵蕭鈞掣文。仁是鄉人，少所供奉，清淨身心，修行念定，卑弱著性，有名門學。

（據《續高僧傳》卷十三《義解》）

唐終南山玉泉寺釋靜藏

釋靜藏，俗姓張，澤州〔註196〕高都人……大業九年，召入鴻臚，教授東蕃。三國僧義，九夷狼戾，初染規猷，賴藉乘機，接誘並從法訓。武德初歲，太僕卿宇文明達，宿昔承奉，禁戒是投，合門請業，用比昭穆。敕使達為河之南北執節招撫，綸言既出，將事首塗，藏送曰：「世界無常，佛有誠誥，別易會難，先民遺語，願常存此，奉信在心。」達以藏夙有預聞，曾經事驗，拜辭曰：「弟子銜命於不返，願師冥道照助。」及至相州，果為賊王德仁所害。其子世壽奏曰：「臣父奉敕安撫，竭誠奉國，為賊所害，思報皇恩，藍田散谷見有故寺，望得為父修立，並度僧二十人。」帝問欲作何寺，壽以事諮藏曰：「此山上有閏玉，下有流泉，可名玉泉耶？」壽具奏聞，帝依所請，仍延藏往住，堂宇廊廟，並指撝焉。遠近道俗，造山修觀，皆遺之法藥。安時處順，遂復其性。以武德九年十二月因事入京，遇染時患，限終京室，春秋五十有六。弟子道刪，祖習風範，地持一部，敷化在心，今住終南至相，有名於世。

（據《續高僧傳》卷十三《義解》）

唐新羅國皇隆寺釋圓光

釋圓光，俗姓樸，本住三韓（卞韓、馬韓、辰韓）光即辰韓新羅人也……

開皇九年，來遊帝宇，值佛法初會，攝論肇興，奉佩文言，振績徽緒。又馳慧解宣譽京皋，績業既成，道東須繼。本國遠聞，上啟頻請，有敕厚加勞問，放歸桑梓……

（據《續高僧傳》卷十三《義解》）

〔註196〕澤州：古地名，治在今山東臨沂。

唐京師普光寺釋道岳

釋道岳，姓孟氏，河南洛陽人也……以開皇十年至自楊都來化京輦，親承真諦，業寄傳芳。岳因從受法，日登深解，以眾聚事擁，惟其廢習，將欲棲形太白，服業倫貫。時太白寺慧安者，倜儻多知，世數闊達，方丈一字，方寸千文，醫術有工，經道偏練，日行四百，相同夸父，世俗所謂長足安是也。岳友而親之，便往投造，告所懷曰：「《毗曇》、《成實》，學知非好，攝《大乘論》，誠乃清微，而傳自尼公，聽受又尠，今從物化精益無從，中路徘徊，伊何取適。昔天親菩薩作《俱舍論》，真諦譯之，初傳此土，情寄於此耳。」安曰：「願聞其志。」岳曰：「余前學群部，悉是古德所傳，流味廣周，未盡於後，惟以《俱舍》無解，遂豈結於當來耶？」安曰：「志之不奪，斯業成矣。」後住京師明覺寺，閉門靜故，尋檢論文，自讀其詞，仍洞其義，一習五載，不出住房。惟除食息，初無閒暇，遂得釋然開發，了通弘旨，至於外義伏文，非疏莫了。承三藏本義，並錄在南方，思見其言，載勞夢寢，乃重賂遺南道商旅，既憑顧是重，所在追求，果於廣州顯明寺，獲《俱舍》疏本並十八部記，並是凱師筆跡，親承真諦口傳，顯明即凱公所住寺也。得此疏本，欣戴仰懷，諷讀沉思，忘於寢食。乃重就太白，卒其先志，於即慶弔絕緒，尋繹追功，口腹之累，惟安供給。時穀食不豐，菜色相顧，安庶事經營，令無匱乏，綿歷歲序，厥志彌隆。內慚諸己，乃謝安曰：「岳今至愚為累，獨學成譏，輒不量力，欲悕非分，一不可也。食為民本，名作實賓。苟求虛譽，遂勞同志。二不可也，斯過弘矣。誠可退跡浮浮，更勞重累，則不可也。」安曰：「功業將成，幸無異志，嘉會難再，無思別慮。」復延兩載，方始出山。乃以己所尋知，將開慧業，遊諸講肆，清論莫窮。大業八年被召住大禪定道場，今所謂大總持寺是也，時年三十有四。少齒登器，莫匪先之。此時僧眾三百餘人，令聽風規，互相推謝。岳以後至名重，學不從師，雖欲播揚，未之有許。時有同德沙門法常、智首、僧辯、慧明等，並名稱普聞，眾所知識，相為引重，創為請主。岳挹謙藏器，退辭師授，徒累清言，終慚疏略，慧明等越席揚言曰：「法師何辭耶，吾等情均水乳，義結相成，掩德移機，恐爽靈鑒。」又人世飄寄，時不再來，幸不相累，岳顧諸意，正乃首登焉，遂以三藏本疏判通《俱舍》，先學後進，潛心異論，皆曰：「斯文詞旨，宏密學爽師資，縱達一朝，誠自誣耳。當伺其談敘，得喪斯及矣。」岳自顧請主虛宗，初無怯憚，舉綱頓網，大義斯通，雖諍論鋒臨，而響應隨遣，眾咸不識其戶牖，故無理頓聯辭。由是名振學宗，法筵繼席，歲舉賢良，推師有寄。

武德初年，從業藍谷化感寺側，岩垂乳水，岳往承之，可得二升，懸滴便絕，乃曰：「吾無感也，故水輟流。」遂以殘水寫滴下瀅中，一心念誦，日取一升，經六十日，患損方復。又至二年，以三藏本疏文句繁多，學人研究，難用詳覽。遂以真諦為本，餘則錯綜成篇，十有餘年，方勒成部，合二十二卷，減於本疏三分之二。並使周統文旨，字去意留，兼著《十八部論疏》，通行於世，以為口實。又初平鄭國，有宗法師者，神辯英出，時所異之，皇上延入內宮，立三宗義，岳問以八正，通局聖賢，後責纖施，無言以對，坐見其屈，乃告曰：「京室學士，談炫寔希，三宗之大，於何自指。」及高祖之世，欲使李道東移，被於鳥服，度人授法，盛演老宗。會貞觀中，廣延兩教，時黃巾劉進喜創開老子，通諸論道，岳乃問以道生一二，徵據前後，遂杜默焉。岳曰：「先生高視前彥，豈謂目擊取通乎。」坐眾大笑而退，故岳之深解法相，傳譽京國矣。至六年秋八月，岳兄曠公從化，悲痛纏懷，徒屬慰曰：「人皆有死，惟自裁抑。」岳捫淚曰：「同居火宅，共溺愛流，生死未斷，何得不悲。」聞者議之，以為善居，道俗之間也。

　　貞觀初年，有梵僧波頗在京傳譯，岳為眾舉，預其同例。頗聞善於《俱舍》，未始重之，謂人曰：「此論本國學者之英華浮情，不敢措意，今言善者不有謬耶。」因問以大義，並諸異論。岳隨其慧解，應答如流。頗曰：「智慧人，智慧人，不言此慧，吾與爾矣。」自爾情敦道術，厚密加恒。八年秋，皇太子召諸碩德集弘文館講義。岳廣開衢術，延對諸賓，酬接覆卻，神旨標被，太子顧曰：「何法師，若此之辯也。」左庶子杜正倫曰：「大總持寺道岳法師也，法門軌躅，學觀所宗。」太子曰：「皇帝為寡人造寺，廣召名德，而此上人猶未受請何耶？」倫曰：「虞舜存許由之節，夏禹順伯成之志，彼乃俗流，猶從矯逸，況方外之士，棄名之人，臣輒從其所好耳。」乃下令曰：「今可屈知寺任，允副虛襟。」岳動容辭曰：「皇帝深惟固本，歸誠種覺，所以考茲福地，建此仁祠，廣召無諍之僧，用樹無疆之業，貧道識量未弘，德行無紀。今蒙知寺任，誠所不安，願垂含恕，敢違恩旨。」屢辭不免，遂住普光。以貞觀十年春二月構疾彌留，諸治無效，春坊中使，相望於路，遂卒於住寺，春秋六十九。皇太子令曰：「普光寺上座，喪事所資，取給家令，庶使豐厚，無致匱約。」仍贈帛及時服衣等。俄而有敕復公給葬儀，送於郊南杜城之西隅，岳弟明略，身長七尺三寸，十九出家，志懷遠悟，容儀清肅，特善涅槃，學人從集，有聲京洛，住東洛天宮寺。貞觀九入，年朝奉慰，時四海令達，總集帝京，惟岳及略，連支比曜，時共美之。及

事緣將了，言歸東夏，岳憫然曰：「吾同氣四人，並先即世，唯余與爾相顧猶影。自曠師沒後，心常怏怏，恐藤鼠交侵，欻然長逝。異生難會，可不思耶。吾行年耄矣，其能久乎。」集會又難，爾其且止，因斯便住，恰至明春，岳便辭世，略之銜疢，痛鍾纏結，帶疾還寺。以十二年卒於所住，春秋六十七矣。

（據《續高僧傳》卷十三《義解》）

唐京師崇義寺釋慧頵

和上諱慧頵，俗姓張氏，清河人也⋯⋯開皇末年，被召京寺。於時晉王開信，盛延大德，同至日嚴，並海內杞梓，遞互相師，每日講乘，五輪方駕，遂得通觀異部，遍覽眾傳，仇討舊聞，考定新軌，陶津玄奧，慧悟彌新，深鑒訶黎，漏文小道。乃歸宗龍樹，弘揚大乘，故得《中、百般若》、《唯識》等論，皆飲沐神化，披閱文言，講導相仍，用為己任。時閒屏退，成慮研思，所誦《法華》，通持猶昔，並講文義，以為來習，貞慤守正，不妄參迎。沙門智首、道岳等，並學窮稽古，架業重霄，飲德欽風，留連信宿，詳議法律，刪定憲章，歡笑而旋，尋復造展。武德之始，皇姊桂陽長公主造崇義寺，久崇戒範，義而居之。世屬休明，物情望重。律師玄琬道張朝市，行感紫宸，氣結風雲，遊從龍象，每事邀延。敘言友敬，而謙虛成治，時復棲焉。琬深戢機神，彌隆致接，故有出罪受戒，常居元席矣。貞觀十一年夏末，風疾屢增，召門人曰：「形勢不久，將畢大辭，宜各敦自愛，不宜後悔，恨福業未就，以為慮耳。」乃割其冬服，並用成之，又曰：「若識神自課，可有常規，恐脫昏昧，非時索食，一無與法，後將大漸。」時過索粥。答曰：「齋時過矣。」便默然不言，其臨終奉正為如此也。至其年七月二十六日卒於所住，春秋七十有四，葬於高陽原之西，鑿穴處之。後又遷南山豐德寺東岩，斫石為龕，就銘表德，余學年奉侍，歲盈二紀，慈誥溫洽，喜怒不形，誨以行綱，曲示纖密，蒸嘗御涉，炎涼不倦。初受具後，性愛定門，啟陳所請，乃曰：「戒淨定明，道之次矣。」宜先學律，持犯照融然後可也。一聽律筵，十有餘載，因循章句，遂欣祖習。貞觀初年，拔思關表，廣流聞見，乃跪陳行意，便累余曰：「出家為道，任從觀化，必事世善，不可離吾。」因而流涕。余勇意聞道，暫往便歸，不謂風樹易喧，逝川難靜，往還十載，遂隱終天，悲哉！

（據《續高僧傳》卷十四《義解》）

唐京師靈化寺釋三慧

　　釋三慧，婁煩〔註197〕人。崇履涅槃，以為正業，行流河朔，名振伊瀍。大業初年，以學功成採，下敕徵入慧日道場，東都晚進，玄津通涉，慧有功矣。而神氣清嚴，顧盼成則，鼓言動論，眾所憚焉。帝以通道明機，務須揚選，乃敕往巴蜀搜舉藝能，屬隋運告終，寓居邛崍，流離從物，因事引生。而性絕煩囂，屏居弘業。鄷國公竇軌作鎮庸蜀，偏所諮崇，服其處靜自虛，致斯隆敬異等。慧觀時制用，故無虛影。武德九年，遠朝京闕，敕見勞問，任處黃圖。工部尚書段綸，宿樹善因，造靈化寺，欽慧道素，上奏任之，時復闡弘重移榮採，頗傳筆記，後學稱尋。貞觀年中，召入參譯，綴文證義，倫次可崇，制翻經館序，控情置列，贍勇豐矣。以其年卒於本寺，春秋七十矣。慧昔在絳州〔註198〕，獨處別院，感見神童，形質希世，致敬於慧云：「屈法師誠勗知事，勿耕墓所。」言已便隱，初未之為述，後復重來，還述前事，若不為語，當打彼僧必至死也。登為問之，乃正耕田中故冢，遂令止之。由是僧侶清晏，卒無後患。自非立正處懷，焉使非人投告，故慧之垂訓，不許觸犯幽顯，如所引云。

（據《續高僧傳》卷十四《義解》）

唐蘇州武丘山釋法恭

　　釋法恭，姓顧氏，吳郡吳人也……以貞觀十四年十月六日，遷神於西京大莊嚴寺……

（據《續高僧傳》卷十四《義解》）

唐終南山至相寺釋智正

　　釋智正，姓白氏，定州安喜〔註199〕人也……開皇十年，文皇廣訪英賢，遂與曇遷禪師同入魏闕，奉敕慰問，令住勝光。仁壽元年，左僕射虞慶則，欽正高行，為奏寺額，造仁覺寺延而住之，厚禮設御，正乃深惟苦本，將捐此務，歸靜幽林。承終南至相有淵法師者，解行相高，京城推仰，遂往從焉。道味江湖，不期而會，因留同住二十八年，靜恭無事，不涉人世。有請便講，詳論正理，無請便止，安心止觀，世情言晤，不附其口，貞梗自課，六時無懈。

〔註197〕即山西婁煩。
〔註198〕絳州：古地名，治在今山西運城。
〔註199〕即今河北遷安。

以貞觀十三年二月二十八日卒於本住，春秋八十有一。弟子智現等，追惟永往，感息難顧，鳩拾餘身，於寺之西北鑿岩龕之，銘記如在。現少出家諮承法教，正之箴誡，略無乖緒，致所著諸疏，並現筆受，故正之製作也。端坐思微，現執紙筆承顏立侍，隨出隨書，終於畢部，乃經累載。初不賜坐也，或足疼心悶，不覺倒僕，正呵責曰：「昔人翹足七日，尚有傳揚，今爾才立顛墜，心輕致也。其翹仰之極，復何得而加焉。」正凡講《華嚴》、《攝論》、《楞伽》、《勝鬘》、《唯識》等不紀其遍，製《華嚴疏》十卷，余並為抄記，具行於世。

（據《續高僧傳》卷十四《義解》）

唐京師弘福寺釋僧辯

釋僧辯，俗姓張，南陽人也。渚宮陷沒入關，住於馮翊焉。年甫七歲，日誦千言，時以奇之，聲於鄉壤。十歲欣仰道法，思欲出家，局以公憲，未蒙剃落，乃聽《維摩》、《仁王》二經，文義俱收。升座覆述，宣吐教理，有稱於時。先學大德相顧曰：「吾等沒後，不足憂也。此人出家，紹隆遺法矣」……

大業初歲，召入大禪定道場，眾復屯之，欣其開解。武德之始，步出關東，蒲、虞、陝、虢，大弘法化……

貞觀翻經，被徵證義，弘福寺立又召居之。雖屢處以英華，而情不存得喪，約時講說，不替寒溫，異學名賓，皆欣預席。故使海之內外，僧雜華夷，不遠萬里，承風參謁，《俱舍》一論，振古未開。道岳法師，命章構釋，辯正講論，廢而聽之。隨聞出鈔，三百餘紙。或聞初開法肆，或中途少閒，但有法坐，無論勝負，咸預位席，橫經而聽，斯渴法之，深良未儔矣。而謙讓知足，不重榮勢，名滿天下，公卿咸委，而不識其形也，皆來覓之。辯如常威儀，不變其節，任其來去，曾無迎送。時儕倫諸德，以此懷尚而不能行也。以貞觀十六年六月十三日卒於弘福寺，春秋七十有五。於時炎曦赫盛，停屍二旬，而相等生存，形色不變，迄至於葬日，亦不腐朽。於時亢旱積久，埃塵漲天，明當將送，夜降微雨，故得幢蓋引列，俱得升濟，七眾導從，不疲形苦，殯於郊西龍首之原，鑿土為龕處之。於內門通行路，道俗同觀，至今四年，鮮明如在。自辯置懷慈濟，愛法為功，路見貧苦，不簡人畜，皆盡其身命，濟其危厄，講聽之務，惟其恒習，其攝論中邊，唯識思塵，佛性無論，並具出章疏，在世流佈。

（據《續高僧傳》卷十五《義解》）

唐京師普光寺釋法常

釋法常，俗姓張氏，南陽白水人也……旋踵上京，慨茲異敘，隨講出疏，示顯群迷。隋齊王暕，召結時望，盛演釋經，登預法座，敷陳至理，詞義弘遠，罕得其門，僉共美之嘉歎，成俗遂有，胥徒歸湊，相續依承，四時講解，以為恒任。大業之始，榮唱轉高，爰下敕旨，入大禪定，相尋講肆，成濟極多。唐運初興，遐邇清晏，四遠投造，增倍於前，每席傳燈，播揚非一。貞觀之譯，證義所資，下敕徵召，恒知翻任。後造普光，宏壯華敞，又召居之，衣服供給，四時隨改。又下敕令為皇儲受菩薩戒，禮敬之極，眾所傾心。貞觀九年，又奉敕召入為皇后戒師，因即敕補兼知空觀寺上座，撫接客舊，妙識物心，弘導法化，長鎮不絕，前後預聽者數千，東蕃西鄙，難可勝述。及學成返國，皆為法匠，傳通正教，於今轉盛。新羅王子金慈藏，輕忽貴位，棄俗出家，遠聞虔仰，思睹言令，遂架山航海，遠造京師，乃於船中，夢矚顏色，及睹形狀，宛若夢中，悲涕交流，欣其會遇，因從受菩薩戒，盡禮事焉。

十四年，有僧犯過，下敕普責京寺，大德綱維，因集於玄武門，召常上殿，論及僧過，常曰：「僧等蒙荷恩惠，得預法門，不能躬奉教網，致有上聞天聽，特由常等，寡於訓誨，恥愧難陳。」遂引涅槃，付屬之旨，上然之。因宥大理，獄囚百有餘人，又延設供，食訖而退。及李道居先，不勝此位，率僧邀駕，隨頓表上，既不蒙遂，因染餘疾，的無痛所右脅而終於住寺，春秋七十有九，即貞觀十九年六月二十六日也。至七月二日，葬於南郊高陽之原。時炎景陵天，遊塵翳日，逮至發引之前，夜降微雨。及於明旦，天地清朗，雲霧四除，纖塵不飛，道路無擁。京寺僧侶，門人子弟等，各建修幢三十餘車，前後威儀四十餘里，信心士女，執素幡花，列侍左右，乃盈數萬，卿相儐從，僉以榮之。初常涉詣義門，妙崇行解，故眾所推美，歸於《攝論》；而志之所，尚慕《涅槃》。恒欲披講，未之欣悟，遂依眾請，專弘此論。陶冶理味，精貫匈懷。依時赴講，全無讀誦，才有餘暇，課業行道。六時自勵，片無違缺。有大神王冠服皆素，率其部從隨其旋繞，道俗時見，密以高之。又曾消夜至佛堂中，壁畫樂天，一時起舞，後於中夜又在佛堂，觀音菩薩從外入戶，上住空中，身相瑰奇，佩服瓔珞，晃發希有，良久便滅。後經五年，天將欲曙，又感普賢菩薩從東而來，去地五六丈許，常之專精，徵應為如此也。故立志清峻，逾久逾劇，所獲法利，多造經像。但務奇妙，不言其價。歲建檀會，終盡京師，悲敬兩田，無遮供養，自所服用，粗弊而已。講揚別供，一不受之，還布

眾中，持操無改。著《攝論義疏》八卷，《玄章》五卷，《涅槃維摩勝鬘》等。各垂疏記，廣行於世。弟子德遜等，為立碑於普光之門，宗正卿李百藥為文。

（據《續高僧傳》卷十五《義解》）

唐蒲州仁壽寺釋志寬

釋志寬，姓姚氏，蒲州河東人也。祖宗仕族，不交群小。父任隋青州刺吏。寬自幼及長，清約知名，歷聽諸經，以《涅槃》、《地論》為心要也。東西訪道，無釋寸陰，業成登器，遊講為務，生常履信，言行不乖，望似專正，而懷抱虛蕩。嘗以遊學長安，詣市買絹，有人曰：「可見付直，明當送絹。」於此便付直，還寺為諸僧所笑，寬曰：「自憶不負於人，豈有人而乖信。」至期果獲，以事陳之，彼人云：「兵食可亡，信不可廢，弟子俗人奉之，豈意釋門綴斯慮也。」……

（據《續高僧傳》卷十五《義解》）

唐京師弘福寺釋靈潤

釋靈潤，俗姓梁，河東虞鄉人也。家世衣冠，鄉閭望族，而風格弘毅，統擬大方。少踐清猷，長承餘烈，故能正行倫據，不肅而成。昆季十人，秀美時譽，中間三者，齊慕出家。父告子曰：「但誦觀音，先度即當許也。」潤執卷便誦，一坐不起，從旦至中，文言遂徹，便預公度，依止靈粲法師住興善寺。粲有正行，備於別傳。年十三，初聽《涅槃》，妙通文旨，將及志學，銷會前聞，括悟新理，便登講座，宣釋教意，部分科宗，英秀諸僧，咸欣其德，加又欽重行禁，動靜惟安，不妄遊從，常資規矩，所以興善大德，海內名僧，咸相顧而言曰：「此沙彌發蹤能爾堪住持矣。」於後深心至道，通贍群師，預在見聞，包蘊神府，當即斧藻人法，圭璋解行，皆統其本支，該其成敗……

年二十三，還返京室。值志念法師正弘小論，將欲博觀智海，預在聽徒。有辯相法師，學兼大小，聲聞于天，攝論初興，盛其麟角，在淨影寺創演宗門，造疏五卷，即登敷述京華，聽眾五百餘僧，豎義之者，數登二百。潤初從關表創預講筵，祖習異聞，遂奮奇論，一座驚異，側目嘉之。登有辯行法師，機論難擬，處眾高謝而敬憚焉。雖則負譽帝京，而神氣自得，或譏毀達其耳者，曾若不聞，以道鎮心，情無喜怒，末法攸寄，誠可嘉焉。大業初歲，風疾暴增，後復本心，更精新業。又恐報傾旦夕，不守本懷，講導世流，往還煩

— 271 —

雜。遂脫略人事，厭俗歸閒。遂往南山之北，西極澧鄠，東漸玉山，依寒林頭陀為業。時與沙門空藏、慧璡、智信、智光等，京邑貞幹，同修出離，既處叢塚，鬼神斯惱。或被推蕩偃僕，或揚聲震叫者，潤獨體其空寂，宴坐如空，諸被嬈者，皆來依附。或於深林曠野，狼虎行處，試心安止，都無有畏，當遵此務，盡報傳持。屬大業末年，不許僧出，遂虧此行，乃還興善，託於西院，獨靜資業，一食入淨，常講《涅槃》眾經。有慧定禪師等，歸依受業，相率修課，不出院宇，經於三年，結侶漸多，行清動眾。時僧粲法師，一寺頂蓋，銳辯無前，抗衡京國，乃率諸翹望五十餘僧，來至法會，詳其神略，人並投問玄隱之義，潤領宗酬答，位判泠然，咸共欣賞，妙符經旨。爾後譽傳光價，眾聚相從，既懿業內傳，將流法味。

大業十年，被召入鴻臚教授三韓，並在本寺翻新經本，並宗轄有承，不虧風采。會隋氏亂倫，道光難緝，乃隱潛於藍田之化感寺，首尾一十五載，足不垂世。離經專業，眾請便講，以示未聞，春秋入定，還遵靜操。沙門志超，抗節禪府，聞風造展，遂等宿交。相師念定，欣從語默。時天步饑餒，道俗同沾，化感一寺，獨延賓侶，磨穀為飯，菽麥等均，晝夜策勤，弘道為任，故四方慕義，歸者雲屯。周贍精粗，無乖僧法，共餐菜果，遂達有年。斯誠至德冥符，兼濟有日矣。潤以化洽外流，道聲載路，興善本寺，敬奉芳塵。上陳敕使，請充寺任，便不守專志，就而維之。貞觀八年，敕造弘福，復被徵召，即現翻譯，證義須明，眾所詳準，又當斯任。至於詞理有礙，格言正之，同倫糾位，斯人最上。京邑釋門，實惟僧傑。初潤隋末在興善院感魔相嬈，定志不移，冥致善神捉去，經宿告曰：「昨日魔子，依法嚴繩，深知累重，自感而死，若此徵應，其量難紀。」武德七年時住化感，寺主智信為人所告，敕使圍寺大顯威權，潤曰：「山居行道，心不負物，賢聖所知，計非所告，使人逾怒。」忽有大風雷震，山崩樹折，吹其巾帽坐席，飄落異處，人眾喪膽，遂求悔過，潤曰：「檀越有福，能感幽靈，斯之祥徵，昔來未有。」使者深愧，釋然事解。貞觀年中與諸法侶登山遊觀，野燒四合，眾並奔散，惟潤安行，如常顧陟，語諸屬曰：「心外無火，火實自心，謂火可逃，無由免火。」及火至，潤熠余自斂，據事以量，知人難矣。後住弘福，有僧因事奉敕還俗，復經恩蕩，情願出家，大德連名，同舉得度，上聞天聽，下敕深責，投諸南裔，歡州行道。於時諸僧創別帝里，無非慟絕，潤獨安然，容儀自若，顧曰：「三界往還，由來恒理，敕令修道，何有悲泣。」拂衣東舉，忻然而趣，道俗聞見，莫不歎服。尋爾敕追洛東安置，化行

鄭魏負帙排筵，弘闡《涅槃》十有餘遍，奧義泉飛，惠流河洛。乃報京邑門人疏曰：「吾今東行，略有三益，一酬往譴，二順厭生，三成大行。吾有宿累，蒙天慈責，今得見酬，則業累轉滅，惟加心悅，何所憂也，愚夫癡愛，隨處興著，正智不爾，厭不重生。夫淨穢兩境，同號大空，凡聖有情，咸惟覺性，覺空平等，何所著也。自度度人，俱利之道，舉人出家，依道利物，願在三有，普濟四生，常無退轉，三益如是，汝等宜知，各調諍根，業與善而住，吾無慮矣。」僕射房玄齡遇之，稱歎累息曰：「大德樹言，詞理俱至，名實之副，誠所望也。」不久敕追還住弘福，居宗揚化，《涅槃》惟此一人。然其爰初入道，奉節不虧，持操攝儀，魁質雄雅，形器八尺。動靜溫和，挺超聯類，十三離俗，更不重臨，二親既崩，弟兄哀訴，情守自若，曾無動容。但為修冥福設會千僧，再度盡京，施悲田食而已。至於世情得喪，浮豔雕華，既不附心，口亦無述。時俗往還，直知敘對，皆絕供給，隨言將遣，前後所講《涅槃》七十餘遍，《攝大乘論》三十餘遍，並各造義疏一十三卷，《玄章》三卷，自餘《維摩勝鬘起信論》等，隨緣便講，各有疏部。而玄義備通，頗異恒執。至如《攝論黎耶》，義該真俗，真即無念性淨，諸位不改，俗即不守一性，通具諸義，轉依已後，真諦義邊，即成法身，俗諦義邊，成應化體，如未轉依，作果報體，據於真性，無滅義矣。俗諦自相，有滅不滅，以體從能，染分義滅，分能異體，慮知不滅。及資糧章中，眾師並謂，有三重觀，無相無生，及無性性也。潤揣文尋，旨無第三重也。故論文上下，惟有兩重，捨得如文。第一前七處，捨外塵邪執，得意言分別。第八處內，捨唯識想，得真法界，前觀無相，捨外塵想，後觀無生，捨唯識想。第二剎那即入初地，故無第三，筌約三性，說三無性。觀據遣執，惟有兩重，至如本識三相，自相受薰，依他性中說，有總別三滅。又四涅槃，離合義異，兩處三種，薰習體無有別，諸如此等。有異諸師，存廢之旨，陳具章疏。弟子淨元，神睿卓越，博要之舉，振續京畿，講釋經論，亟經載紀，銓辯名理，響逸學門。加以性愛林泉，捐諸名利，弊衣粗食，談玄為本。元以潤之立義，建志尋求，轉解傳風，被於當世。有僧法御，道定人也，夢見淨元，兩手極大，執印憑案，若有所通，寤以告之，正披此義，即因而遂廣，乃成王路矣。沙門智衍。即潤之猶子也。幼攜入道，勖以教宗，承明詞義，深有會擊，講《攝論》、《涅槃》，近住藍田之法池寺，統律成匠，亟動時譽，然有法以來，師資傳道，其宗罕接。惟潤之緒，繼美前修，亞跡安遠，斯塵難濟，見於今日矣。

（據《續高僧傳》卷十五《義解》）

唐京師慈恩寺釋道洪

　　釋道洪，姓尹氏，河東人也。父曜仕隋，歷任江陵令，有子五人，洪其第三矣。聰敏易悟，深厭形有。年在十三，以開皇六年出家，事京邑大德曇延法師。博通內外，馳譽門序，雖廣流眾部，偏以《涅槃》為業，教之極也。故敷演之，所以師資傳道，聲績逾遠近，亦於法眾親喻覆述。後於願法師所學《窮地論》，傍通經數，德器崇振。及隋祖昇遐，禪定構立，乃召處之。自爾專事弘經，周輪無輟。貞觀伊始，弘護道張，凡寺綱維，無非令達。乃敕為律藏寺上座，緝諧理事，允副朝委。立性清愨，無競榮辱，故使厚供殊禮，鱗接邀延。致令二宮樹福，妙資搜舉，物議所及，莫不推先。尋又下敕任大總持，本居寺主。春宮異供，隨時薦及，以追受戒之禮也。貞觀十四年，寶昌寺眾請講《涅槃》，時感白雞隨人聽法，集散馴狎，終於講會，相從傳授，迄於暮齒，凡講《涅槃》八十七遍，依承宗旨，罕墜彝倫。及弘福譯經，選充證義。慈恩創起，又敕徵臨。以貞觀末年微覺輕貶，才經一旬，奄爾長逝，春秋七十有九。初染疾之始，全無別痛，少食不語，用乖常候，而數以手搆撥於空，侍問其故，答曰：「有二衣冠者，數來禮拜，故以止之。」又曰：「紅花淥池，鮮榮可玩。」尋爾合掌，目送於空曰：「大德羅睺羅來辭去也。」因爾潛逝，殊香滿院。洪形器端偉，七尺有餘，沈簡仁愛，慈濟存沒，喜慍莫顯，操節不形，傳者目其梗概，要妙固多略耳。

（據《續高僧傳》卷十五《義解》）

唐京師慈恩寺釋義褒

　　釋義褒，姓薛，常州晉陵人。蓋齊相孟嘗君之後，吳名臣綜瑩之胤也。天體高遠，履性明朗……

　　京邑承風，以事聞奏，下敕徵延，便符昔願，即而入朝。時翻經三藏玄奘法師，盛處權衡，當陽弘演，承思遠問，用寫繁蕪。亦既至止，共許幽致，乃詰大乘經論，無所不通。唐朝後學，多尚名體，耽迷成性，膠柱守株，如何解網以開玄照，請所學宗，頓講十遍，勒諸門位，並往歸依。時在慈恩，創開宏旨，有空雙遣，藥病齊亡，乃有負氣盱衡，傲然亂舉。褒為提紉解玦，疏刷神憕，責以三開，徵研五句，詳括文義，統略悟迷，經難論易，悼時俗之反昏；論釋深經，誨今聞之異昔。所以每日在座，前唱聖經，半講已後，方明賢論。於時英彥皆預席端，歎其竦拔之神奇，伏其辯給之鈝利。宰輔冠蓋，傾仰

德音，留連言晤，寫送無絕。顯慶三年冬，雩祈雪候，內設福場，敕召入宮。令與東明觀道士論義。有道士李榮，立本際義，襃問曰：「既義標本際，為道本於際，為際本於道邪。」答曰：「互得。」又問：「道本於際，際為道本，亦可際本於道，道為際原。」答：「亦通。」又並曰：「若使道將本際，互得相反，亦可自然與道互得相法。」答曰：「道法自然，自然不法道，又並若道法於自然，自然不法道，亦可道本於本際，本際不本道。」榮既被難不能報，浪嘲云：「既喚我為先生。汝便成我弟子。」襃曰：「對聖言論，申明邪正，用簡帝心，弨蕘嘲謔，塵黷天聽。雖然無言不酬，聊以相答。我為佛之弟子，由以事佛為師，汝既稱為先生，即應先道而生。汝則斯為道祖。」於時怇忸無對，便下座。又令襃豎義，便立大智度義，李徒雖難，隨言即遣。於時天子欣然，內宮嗟賞，李榮不勝其憤曰：「如此解義，何須遠從吳來。」襃答曰：「三吳之地，本出英賢，橫目狗身，舊無人物。」爾後諸寺連講，多以《法華》、《淨名》、《中百經論》等以開時俗。龍朔元年，駕往東都，別召追往，頻入宮禁，義論橫馳，乃於淨土，講解經論，七眾載驅，群公畢至，英聲逾盛。不久遘疾卒於淨土，春秋五十有一。道俗悲涼，恨法門之早掩，皇上悼傷久之，遂敕送柩，返金華山舊寺，賻贈之榮，光聞遠近。

（據《續高僧傳》卷十五《義解》）

唐京師大莊嚴寺釋僧定

釋僧定，丹陽人。本學《成實》，博綜有功，討擊既繁，便感風癘，乃惟曰：「形異同倫，學當徒轍。」遂屏絕還顧，歸宗禪府。初棲鍾山林阜，獨靜空齋，侍者道遊，供給左右，唯以粳米白粥，日進一杯。餘則繫念相續，不愧空景。經於數年，不涉村邑，遊伣定心，更增幽績。故使門牖重隱，吐納自新，牆宇崇峻，違順斯薄。微誠獲應，故所苦忽銷，致令身首面目，一時圓淨，鬢眉並生，有逾恒日。雖福感所及，儀貌倍常，而雙眉最濃，可長數寸，蒼赤通顏，乃成奇異。定既屬斯靈瑞，翹厲晨夕。山中多虎，蹤跡成蹊，本性仁慈，來入於室，床前庭下，惟繁虎跡。或禪想乍浮，未能安靜，便通夜山行，無問榛梗，猛獸鷙鳥，見等同群，而定安之若遊城市，其含育之感不可類也。隋文於西京造寺，遠召處之，業定之心，無庸世務。至於受戒師禮，畢志岠違，預在尊嚴，聞便避隱。嘗遇傷寒，通身蒸熱，遂如常跏坐，斷食三日。沙門保恭，道場上首，定之徒也。親喻令食，答曰：「疾勢將陵，命非可保，

應以法援，何用食為？」便閉口靜坐，七日既滿，所苦頓痊，其立操要心為此類也。大業末歲，棲南山大和寺。群盜來劫，定初不怖，盜曰：「豈不聞世間有奴賊耶？」定曰：「縱有郎賊，吾尚不怖，況奴賊耶！」因剝其衣服，曾無吝色。至於坐氈，將欲挽掣，定捉之曰：「吾仰此度冬，卿今將去，命必不濟，乍斷吾命於此，氈不可離吾命也。」群賊相看，便止之。以武德七年六月因有少疾，跏坐如常，不覺已逝，春秋八十餘矣。

（據《續高僧傳》卷十九《習禪》）

唐同州大興國寺釋道林

釋道林，姓李，同州郃陽人也。年二十五，發心出家。入太白山，結宇深岩，路絕登陟，木食濟形，惟法檢心，更無營拯。隋開皇之始，創啟玄宗，敕度七人，選窮翹楚，有司加訪，搜得林焉。文皇親命出家，苦辭不可，乃啟曰：「貧道聞山林之士，往而不返，晧然之氣獨結林泉，望得連蹤既往，故應義絕凡貫，陛下大敞法門，載清海陸，乞以此名遺虛仰者？」帝曰：「名實相副，其來久矣，禪師但隸公府，身任山棲。」林不從乃，逃還大白，仍宗前業。後以事聞奏，乃更搜揚仄陋，窮岩倒穴，方始捉獲，而履節無虧。敕勞殷重，崇敬彌異，乃賜香爐等物，仍令住馮翊大興國寺。經止少時，又逃於梁山之陽……

（據《續高僧傳》卷十九《習禪》）

唐京師清禪寺釋法應

釋法應，姓王氏，東越會稽人。生自孩孺，性度沉默，隨住緣想，幽思難移。弱冠出家，事沙門曇崇，學宗禪業，見於別傳。時值周初定門，初闡奉法履行，亙道相趨，應於門學，殊為稱首。後逢周禍，避跡終南，飯衣松蘿，潛形六載。專修念慧，用祛夙罪，精厲所及，法門彌淨，心用攸居，妄境斯澄，屢感虎狼，蹲踞廬側，或入門內，似有相因。應素體生緣，又閑禪病，對猶家犬，為受三歸，自爾馴狎，更繁其類。隋開入度，還事崇公。定業既深，偏蒙印可。徒眾五百，並委維持，教授獎擢，允開眾望。開皇十二年，有敕令搜簡三學業長者，海內通化崇於禪府，選得二十五人，其中行解高者，應為其長。敕城內別置五眾，各使一人曉夜教習，應領徒三百，於實際寺相續傳業，四事供養，並出有司，聲聞惟遠。下敕賜帛三百段，仍用造經一藏，親躬受持。

以武德初年，素無所患，云：「吾今將逝，已有香華見迎。」言已，卒於清禪寺，春秋八十矣。

（據《續高僧傳》卷十九《習禪》）

唐終南山紫蓋沙門釋法藏

釋法藏，姓荀氏，潁川潁陰人。三歲喪父，共母偏居，十歲又亡，隻身而立。因斯禍苦，深悟無常，投庇三寶，用希福祐。年二十二，即周天和二年四月八日，明帝度僧，便從出俗。天和四年，誕育皇子，詔選名德至醴泉宮，時當此數，武帝躬趨殿下，口號鮮卑，問訊眾僧，兀然無人對者。藏在末行，挺出眾立，作鮮卑語答，殿庭僚眾，咸喜斯酬，敕語百官，道人身小心大，獨超群友，報朕此言，可非健道人耶。有敕施錢二百一十貫，由是面洽，每蒙慰問。雖身居寺內，心念幽林，古聖今賢，皆依山靜。建德二年二月，刷心蕩志，挾缽擎函，投於紫蓋山，山即終南之一峰也。乃獨立禪房，高岩之下，衣以百納，餐以術松，面青天而沃心，吸白雲而填志。三年正月八日，遊步山頂，忽遇甘杏七枚，即而噉之，流味濃美，周行更索，全無來處，即荷冥資，但勤勵業。其年四月二十三日，毀像焚經，僧令還俗，給憂二年，惟藏山居，依道自隱，綿歷八載，常思開法。至宣帝大象元年九月，下山謁帝，意崇三寶。到城南門，以不許入，進退論理。武候府上大夫拓王猛、次大夫乙婁謙問從何而來，朋侶何在，施主是誰。藏報曰：「建德二年，棄寺入山。三年四月，方禁僧侶，惟藏在山，余並還俗。乃以俗法抑出徒侶，藏只一身在山，林谷為家居，鳥獸為徒侶，草木為糧粒，然自惟忖，普天之下莫非王土，既居紫蓋，噉食山糧，准此供給，則至尊所施。」猛等報奏，下敕曰：「朕欲為菩薩治化，此僧既從紫蓋山來，正合朕意。宜令長髮著菩薩衣冠，為陟岵寺主。」遣內史沛國公宇文繹檢校施行，內史次大夫唐怡元行恭覆奏曰：「天下眾僧，並令還俗，獨度一人，違先帝詔。」至十月，於城東面別見宣帝，問三教名：「朕欲菩薩治化，或現天身，或從地出，或作鹿馬，用斯化道以攝眾生如何？藏引妙莊嚴王子諫父之事。」又曰：「陛下昔為臣子，不能匡諫，遂令先帝焚燒聖典、靈像鑄錢，據斯逆害，與秦始何異？」帝怒曰：「違朕先皇明詔，可令處盡。」藏曰：「仰觸聖顏，乞刑都市，幽顯同見，誠其本心爾。」時命若懸藤，而詞氣無駭，頻經九奏，安詞彌厲，十奏既達，帝曰：「道人怖不？」藏公曰：「人生所重無過於命，處身極刑之地，何能不怖？」帝聞愀然改色乃曰：「真

人護法，祐我群生，此則護鵝比丘，朕不殺無事人也。」宜捨其刑，一不須問。賜菩薩衣冠，依前為陟岵寺主。頻降寵命，得繼釋門，既獲再生，便辭帝，往林泉山澤，請欲幽潛。御史鮑宏、奉敕萬年、長安、藍田、周至、鄠杜五縣，任藏遊行。朕須見日，不可沉隱。雖蒙恩敕，終未開弘，快結心靈，思懷聖道。周德云謝，隋祚將興。大象二年五月二十五日，隋祖作相，於虎門學六月。藏又下山與大丞相對論三寶經宿，即蒙剃落，賜法服一具、雜綵十五段、青州棗一石，尋又還山。至七月初，追藏下山，更詳開化。至十五日，令遣藏共竟陵公檢校度僧百二十人，並賜法服，各還所止。藏獨宿相第，夜論教始。大定元年二月十三日，丞相龍飛，即改為開皇之元焉。十五日奉敕追前度者置大興善寺為國行道，自此漸開，方流海內，豈非藏戒行貞明，禪心鬱茂，何能累入朱門，頻登御榻。爾後每有恩敕別加慰勞，並敕王公，咸知朕意。開皇二年，內史舍人趙偉宣敕月給茯苓、棗、杏、蘇油、柴炭，以為恒料。而性在虛靜，不圖榮利。十四年自奏停料，隨施供給。武候將軍索和業者，清信在懷，延至宅中，異禮奉養，積善所薰，遂捨所住以為佛寺。藏率俗課勵，設萬僧齋。右僕射蘇威，每來參謁，並建大殿尊儀。舍人裴矩，宣敕藏禪師，落髮僧首，又設大齋，弘法之盛，熟不可等。其所住處可為濟法，今之隆政坊北門僧寺是也。嘗以慈仁攝慮，有施禽畜依而養之，鵝則知時旋繞，狗亦過中不食，斯類法律，不可具紀。煬帝晉蕃時，臨太尉第三子綿疾夭殂，瘞於斯寺，乃勒銘曰：世途若幻，生死如浮，殤子何短，彭祖何修，嗚呼余子，有逝無留，永為法種，長依法儔。教因施藏靈壽杖，曰：「每策此杖，時賜相憶。」答曰：「王殤幼子，長就法門，藏策靈壽，何敢忘德。」十六年隋祖幸齊州失豫，王公已下奉造觀音，並敕安濟法供養。仁壽元年，文帝造等身釋迦六軀，敕令置於藏師住寺。大業二年，元德太子薨，凡營福業經像佛殿皆委於藏。大業末歲，下敕九宮，並為寺宇度僧，綱管相續維持。以藏名稱洽聞，乃補充太平宮寺上座，綏緝少達，無替所臨。及大唐建議，人百一心。淮安王創繕兵旗於斯寺宇，因受王請終身奉養。貞觀之始，情奉彌隆，思報罔極，畢由造寺伺隟未展，王便物故，本祈不果，藏亦終焉。以貞觀三年終於鄠縣觀臺，因殮武子堆南雲際寺。沙門孝才，夙素知德，為銘貞石，在於龕側矣。

（據《續高僧傳》卷十九《習禪》）

唐京師化度寺釋僧邕

釋僧邕，姓郭氏，太原介休人。祖憲，荊州刺史。父韶，博陵太守。邕神識沉靜，冥符上德，世傳儒業，齒冑上庠。年有十三，違親入道，於鄴西雲門寺依止僧稠而出家焉。稠公禪慧通靈，戒行標異，即授禪法，數日便詣。稠撫邕謂諸門人曰：「五停四念，將盡此生矣。」仍往林慮山中，棲託定門，遊逸心計。屬周武平齊，像法瀸壞。又入白鹿山深林之下，避時削跡，餌飯松術，三逕斯絕，百卉為群，麋麀伏其前，山禽集其手，初未之異也。後乃梵音展禮，焚香讀誦，輒有奇鳥異獸，攅聚庭宇，貌如慕敬，心疑聽受，自非行感所及，何以致斯。自爾屢降幽靈，勝言叵載。開皇之始，弘闡釋門，重敘玄宗，更聯榮問。有魏州信行禪師，深明佛法，命世異人，以道隱之晨，習當根之業。知邕遁世幽居，遣人告曰：「修道立行，宜以濟度為先，獨善其身，非所聞也，宜盡弘益之方，照示流俗。」乃出山與行相遇，同修正節。開皇九年，行被召入京，乃與邕同來至止帝城。道俗莫匪遵奉，及行之歿，世綱總徒眾，甚有住持之功。以貞觀五年十一月十六日終於化度寺院，春秋八十有九。主上崇敬，情深贈帛，為其追福。以其月二十二日奉靈魄於終南山。遵邕之遺令也，門徒收其舍利，起塔於行之塔左。邕風範凝正，行業精嚴，卑辭屈己，體道藏用。及委質寒林，悲纏朝野，僉以身死名滅，世有斯人。敢樹玄石，用陳令範。左庶子李百藥制文，率更令歐陽詢書，文筆新華，多增傳本，故累誦野外矣。

（據《續高僧傳》卷十九《習禪》）

唐終南山豐德寺釋智藏

釋智藏，姓魏氏，華州鄭縣人也。十三出家，事藹法師。當西魏之世，住長安陟岵寺。值周滅法，權處俗中，為諸信心之所藏隱，雖王禁克切，不懼刑憲，剃髮法服，曾無變俗。迄至隋初，乃經六載，晦跡人間，不虧道禁，自有同塵，莫敢聯類矣。移都龍首，住大興善。開皇三年，乃卜終南豐谷之東皋，以為終世之所也，即昔隱淪之故地矣。山水交映，邑野相望，接敘皂素，日隆化範。後文帝敕左衛大將軍晉王廣就山引見，藏曰：「山世乃異，適道不殊，貧道居山日積，意未移想，陛下國主之體，不奪物情為宗。」王具聞帝，帝歎訝久之，乃遣內史舍人虞世基宣敕慰問，並施香油、薰爐及三衣什物等，仍詔所住為豐德寺焉。每至三長之月，藏盛開道化，以《智論》為言先。凡所登

踐者，皆理事齊稟。京邑士女，傳響相趨，雲結山阿，就聞法要。逮武德初歲，爰置僧官，眾以積善所歸，乃處員內，道開物悟，深有望焉。雖預僧僚，而身非世檢，時復臨敘，終安豐德。以武德八年四月十五日遘疾，少時終於所住，春秋八十五。然藏青襟入道，自檢形神，不資奢靡，不欣榮泰。時居興善，官供頻繁，願存乞食，盡形全德。縱任居僧務，夏雨冬冰，而此志不移，終不妄噉僧食。晚居西郊柏林墓所，頭陀自靜。文帝出遊，遇而結歡，與諸官人等各舍所著之衣，百有餘聚。藏令村人車運，用充寺宇，故使福殿輪奐，回拔林端，靈塔架峰，迢然雲表，致有京郊立望得傳遙敬矣。又爰初受具，以布大衣重補，厚重可齊四斗，六十五夏，初無一離。受日說欲，由來未傳，常坐一食，終乎大漸，而狀形超挺唐量，八尺二分，質貌魁梧，峙然峰崿之相。常居寺之南岫四十餘年，面臨深谷，目極天際，徑途四里，幽梗盤岨，不易登升。而藏手執澡瓶，足躡木履，每至食時，乘崖而至，午後還上。初無顛墮，因斯以談，亦雄隱之高明者故。圖寫象供，於茲存焉。京師慈門寺沙門小曇，欽藏素業，為建碑於寺門之右，潁川沙門法琳制文。

（據《續高僧傳》卷十九《習禪》）

唐雍州津梁寺釋法喜

釋法喜，俗姓李，襄陽人也。七歲出家……仁壽年內，文帝敕召追入京師住禪定寺，供禮隆異，儉行為先，接撫同倫，謙虛成德。爰有佛牙舍利，帝里所珍，槃以寶臺，處之上室，瑰寶溢目，非德不知。大眾以喜行解潛通，幽微屢降，便以道場相委，任其監護。喜遂綱維供養，日夕承仰。又以顥師去世，意欲冥被靈爽，願誦千遍《法華》，因即不處舊房，但用巡繞寺塔。行坐二儀，誓窮本願，數滿八百，精屬晨宵，繫心不散，覺轉休健。同寺僧者見有白牛駕以寶車入喜房內，追而觀之，了無蹤緒，方知幽通之感，有遂教門。而卑弱自守，營衛在初。諸有疾苦，無論客舊，皆周給瞻問，親為將療，至於屎尿膿吐，皆就而㖒之。然則患疾之苦，世所同輕，而喜都無污賤，情倍欣懌，以為常業也。致有遠近道俗，帶疾相投，皆悅慰其心，終其報類。或有外來問疾，並為病者陳苦，有問其故，喜云：「病人纏惱來問，致增故耳。」

武德四年，右僕射蕭瑀於藍田造寺名津梁，夙奉徽風，嘉其弘度，召而居之。時屬運開，猶承饑薦，四方慕義，相次山門。便減撤衣資，用充繼乏，稟歸行務，眾所宗焉。凡有遲疑，每為銷釋，並會通旨理，暢顯神心。而為行

沉密，卒難備紀，傳者嘗同遊處，故略而述之。後乃屏退自資，超居眾伍。驪
山南阜，鄉號盧陵，即九紀之故墟也。北負露臺之嶺，南對赫胥之陵，交澗深
林，仙賢是集，即卜而宅之，乃有終焉之志。篤勵子弟，誘導山民，福始罪
終，十盈八九。貞觀初年，夜涉其半，見有焰火數炬從南而來，正趣山舍，僧
俗驚散，慮是賊徒，以事告喜。喜曰：「此應無苦，但自修業。」及至尋顧，
不知所由，其居處降靈皆此類也。六年春，創染微疾，自知非久，強加醫療，
終無進服。至十月十二日乃告門人，無常至矣，勿事囂擾，當默然靜慮，津吾
去識，勿使異人輒入房也，時時唱告。三界虛妄，但是一心，大眾忽聞林北有
音樂車振之聲，因以告之，喜曰：「世間果報，久已捨之，如何更生樂處，終
是纏累。」乃又入定，須臾聲止，香至充滿。達五更初，端坐而卒，春秋六十
有一。形色鮮潔，如常在定。初平素之日，歷巡山險，行見一處幽隱可為棲骸
之所，命弟子示之。及其終後，寺僧屬其儀貌端峙，不忍行之，鑿山為窟，將
欲藏瘞。爾夕暴雪，忽零有餘一尺，周回二里，蔽於山路，遂開行送，中道降
神於弟子曰：「吾欲露屍山野，給施眾生，如何埋藏，違吾本志？」雪平荒逕，
可且停行，眾不從之，乃安窟內，經久儼然，都無摧腐。宗國公親往觀之，神
色如在，歡善而歸。爾後怪無損壞，遂舉其納衣，方見為物所噉，頭項已下，
枯骨鮮明，詳斯以論，實本願之所致耳。且喜學年據道，事仰名師，青溪禪
眾，天下稱最，而親見奉養，故得景行成明，日光聲採，加以敬慎戒約，聞即
依行。計業分功，步影而食。時少覺差必，虛齋而過，晦望懺洗，清心布薩，
安恤貧病，固是常宜，衣弊食粗，誠其恒志，輕清拯濟，見美東郊矣。

（據《續高僧傳》卷十九《習禪》）

唐京師大莊嚴寺釋道哲

釋道哲，姓唐，齊郡臨邑人……聞京邑道盛，乃步從焉。初至住仁覺寺，
沙門曇遷有知人之譽，敬備師禮，從受《攝論》，研味至理，曉悟其文，標擬
有方，豈惟聲教。遂厭辭人世，潛於終南之駱谷也。山粒難接，授受須淨，既
闕使人，遂虛腹累宵，欣茲味空。有清信士張暉，陪從多年，請益供奉，因暫
下山，忽逢重雪，懸路既擁，七日方到。哲以雖對食具，為無人授，守死正
念，暉披雪至庵，彈指覺悟，方從定起，斯實謹慎資持，為此例矣。京師大莊
嚴寺以哲素有道聲，延住華館。初從眾意，退居小室，一食分衛，不受僧利，
眾益重之。盩厔縣民，昔以隱居駱谷，得信者多，相率迎請，乃往赴焉。營構

禪宇，立徒策業，山俗道侶，相從屯赴，教以正法，訓以律儀，野逸是憑，聞諸京輔。忽一旦謂門人曰：「無常及矣，大眾難見，冥目既至，長恨何言？」遂東歸莊嚴，訊問名德，奄然卒於故房，春秋七十二矣，即貞觀九年正月也。葬於京之西郊，長城故人，慕仰聲範，遂發冢迎柩，還歸鳌屋。行道設齋，以從火葬，收其餘燼，為起塔於城西二里端正樹側龍岸鄉中。列植楊柏，行往揖拜。然哲迥發天才，學不師古，撰《百識觀門》十卷，《智照自體論》六卷，《大乘聞思論》等行世。弟子靜安、道誠，並承習厥宗，匡務有敘。安掩跡林泉，念定存業。誠行感玄解，謙穆自修，包括律部，講道時接。初住大莊嚴寺，以傳業高今，徵入瑤臺，匡化於彼，餘波潛被，盛績京師。

（據《續高僧傳》卷二十《習禪》）

唐京師弘法寺釋靜琳

釋靜琳，俗姓張氏，本族南陽，後居京兆之華原焉。幼齡背世，清附緇門。初誕之日，有外國道人曰：「此兒當貴，若出家者，大弘佛法。」七歲投僧出家。役以田疇，無乖道訓，不果本望，深惟非法也。自顧而言曰：「此而未捨，與俗何殊。」更從一師，服膺正化。遭周滅法，且附俗緣，年在弱冠，希期無怠。會隋氏啟運，即投曇猛法師，乃以二事相攝，經於五年。猶事沙彌，未敢受具。慶蒙開法，欲廣見聞，辭其本師，南遊樊鄧。便於彼部，奉進大戒。既爰初受法，未曉清規。遠赴青齊，聽於律禁，後發前至，為諸聽先。又於覺法師所聽受《十地》。回趾鄴都，炬法師所採聽《華嚴》、《楞伽》思益，皆通貫精理，妙思英拔，舊傳新解，往往程器。時即推令敷化，講散幽旨，並驚所未聞，而胸臆所憶，猶謂不足。展轉周聽，博遍東川，蓄解尋師，又至蒲晉。有沙門道遜道順者，聲名大德也。留講《十地》，經於涼燠，雖復聽徒欣泰，而志逾煩梗，下坐處房，撫膺審曰：「法本治病，而今慢法更增，且道貴虛通，而今耽著彌固，此不可也。」即捨講業，專習禪門。初學不淨，念處等法，又嫌其瑣小，煩稽人慮，乃學大乘，諸無得觀。離念唯識，彌所開宗，每習一解，陶練十年。精其昔知，更新後習。而弊食粗衣，情慾斯絕。後入白鹿山，山糧罕繼，便試以卻粒之法，孤放窮岩，又經累載。山中業定，昏睡惑心，乃臨峭絕懸崖，下望千仞，旁生一樹，纔得勝人，以草藉之加坐其上，於中繫念，動逾宵日，怖死既重，專深弘觀。後聞泰嶽特多靈異，便往尋之。既達彼山，夜見火炬周環，高曜峰岩，即事追求，累日方至。乃見五六尼眾匡坐

論道，琳初通訊問共議唯識等理，未盡言間，忽然不見，惆悵久悟，法誠爾也。後入關中遇曇遷禪師講《開攝論》，一聞如舊，慧不新聞。仁壽四年，下敕送舍利於華原石門山之神德寺，琳即於此住。居靜課業，行解之盛，名布京師。大業三年，有沙門還原等，延請帝城，在明輪妙象諸寺，講揚攝論識者歸焉。尋即降敕召入道場，既達東都禪門更擁，齊王諫情深理定，每就諮款請至，本第從奉歸戒。鴻臚蘇薏，學高前古，舉朝冠蓋，稟宗師訓，為舟為梁。高陽道雄、道體，趙郡道獻，明則等，並釋門威鳳、智海、明珠，咸承理味，酌以華實。襄陽洪哲，德高楚望，風力俊駭，聞琳聲穆時彥，故來相架。乃致問云：「懷道者多，專意何業。」琳見其詞骨難競，聊以事徵告云：「山谷高深，意定何在。」哲云：「山高谷深，由來自爾。」琳曰：「若如來言，餘處取土，填谷齊山，為定高不。」哲悟此一言，致詞歎伏。由是秀穎附津，稽疑重杳，故令譽風，宣彌繁賞。會琳以象教東漸，法網雖嚴，至於僧儀正度，猶未光闡，欲遍遊閻浮，備殫靈跡。以十三年內具表聞帝，當蒙恩詔，令使巡方，並給使人傳國書信。行達襄土，方趣海南，屬寇賊交侵，中國背叛，途路梗澀，還返南陽。

義寧二年，被召入京，住大總持，如常弘演。光陰既積，學者成林。武德三年，正平公李安遠奏造弘法，素奉崇信，別令召之。琳立意離緣，攝慮資道。會隋末壅閉，唐運開弘，皂白歸依，光隆是慶。乃削繁就簡，惟敷《中論》為宗，餘則維摩起信，權機屢展，夜則勖以念慧，每事徵研。並使解出自心，不從他授。玄琬律師道王關河，躬承令則，自余法侶，歲獻奇倫。任城王及太妃、楚國太妃、安平公主等，皇家帝葉請戒第宅，隆禮頻繁。國子祭酒蕭璟、工部尚書張亮、詹事杜正倫、司農李道裕等，並誓為弟子，備諸法物，恒令服御。久以徒侶義學，爰缺律宗，乃躬請智首律師敷弘四分，一舉十遍，身令眾先，故使教法住持，京輦稱最，乃至沙彌淨人咸明律相誠其功矣。忽以貞觀十四年秋初染疾，至十月二十六日平旦疾甚。有沙門法常者，盛名帝宇，素與周旋，故來執別，琳曰：「不戀此生，未貪來報，緣集則有，緣散則無。」而神氣澄湛，由來不亂。曾病，有問疾者，答云：「以己之疾，愍於彼疾，因而流淚，想諸苦趣故也。」便總集僧眾並諸門人告曰：「生死道長，有心日促，各宜自敬，無累爾神。」即右脅而臥，尋卒於本寺，春秋七十有六。餘處通冷，惟頂極熱。迄於焚日，方始神散，而形色鮮軟，特異常比。送於終南至相寺燒，惟舌獨存。再取燒之，逾更明淨，斯即正言法之力矣。弟子等四十餘

人，奉跪慈顏，無由欽仰。百日之內，通告有緣，共轉大乘，總四萬餘卷。並造千粒舍利，木塔舉高五丈，雕飾之美，晃發中天。廣布檀那，用酬靈澤。初琳居世，化以實錄著名，每述至理玄凝，無不垂泣歡奉，言無非涉，事不徒行。有通事舍人李好德者，曾於雒邑受業於琳，後歷官天門，弊於俗務，逃流山藪，使弟子度之，若準正敕，罪當大辟。後有嫉於德者，罔以極刑，及下獄徵琳，初無拒諱，監獄者深知情量，取拔無由，事從慮過，釋然放免，識者以實語天梯，至死知量，是莫加焉。自爱初問法，無憚夷險，衣服壞則以紙補之，床席暖則坐於簀上節之。又節量力強羸，名利不緣，語默沉靜，修攝威儀，有異名稱。涕渧莫顯於口鼻，飲食未言於美惡。敬慎之極，夫又何加。兼以行位難測，蚤虱不歷於身，縱輒投者，尋便走散，斯負既抵，故所報類希焉。嘗居山谷，須粒有待患繁，乃合守中丸一劑，可有斗許，得支一周。琳服延之，乃經三載，便利之際，收洗重服，故能業定堅明，專注難拔。時值儉歲緣村投告，隨得隨施，安樂貧苦。嘗在講會，俗士三人，謀害一怨，兩人往殺，其一中悔，從琳受戒。歲紀經久，並從物故，而受戒者，忽死心暖，後從醒寤，備見昔怨，及同謀者，論告殺事，其受戒人，稱枉不伏，引琳為證。王即召追，證便有告。琳生他方，金粟世界，王既感證，因放此人。又琳一生所至伽藍，撝謙自牧，逮至名高福重，覬錫日增，並委侍人，口無再問。及後為福，方恨無財，出以示之，琳曰：「都不憶有此物也，斯實據道為務，情無世涉，可書季代足為師鏡。」自住弘法敷化四方，學侶客僧，來如闐闐，招慰安撫，隨事憂承。而度雜公私，憲章有敘，故使外雖禁固，內實通流，山林望而有歸，軌道立而垂則。逮於歿後，此法彌崇，所以京室僧寺五十有餘。至於敘接賓禮僧儀邕穆者，莫高於弘法矣。又寺居古塘，惟一佛堂，僧眾創停，仄陋而已。琳薰勵法侶，共經始之，今則堂房環合，廚庫殷積，客主混同，去留隨意。裕法師云：「以道通物，物由道感，惠由道來，還供道眾，故僧實由客，深有冥功。」裕語有琳近之矣。

（據《續高僧傳》卷二十《習禪》）

唐京師弘福寺釋慧斌

釋慧斌，姓和氏，兗州人也。博覽經藝，文義洞開，偏曉字源，尤明章曜。年十九，鄉黨所崇，為州助教，而情厭煩，梗懷慕出世。年二十三，方預剪落。尋即歷聽經律，相沿兩載。睹講席喧撓，惟論聲勢，便入台山，修

諸靜慮，一入八載，備行觀法。乃往泰山靈巖諸寺，以行道為務先。年三十四，方隸官名，住秦州梁父甑山存道寺，更尋律部，博聽經論。而性狎禪林，譽彰遐邇。及獻后雲背，禪定攸興，下敕徵延，乃旋京邑。於時名望盛德，八表一期，各擅英髦，人程鱗翼，而斌夏第最小，聲稱彌隆。衣缽之外，更無箱襆，容質清素，挺異恒倫，緇素目屬，莫不迴向，斯亦象季清厲之僧也。兼以布行純粹，言無品藻，每聞評論，輒即默然，防護戒儀，慈救為慮。每夏行履，執帚先掃，恐傷蟲蟻故也。隨得利養，密行檀濟，或造漉囊，或施道俗，惟急者方乃行之，仍復累屬，勿泄人世。及帝造寺，前訪綱維，京室同美，勿高斌也。乃下詔徵為弘福寺主，緝諧上下，無敢乖猷。貞觀十九年十月六日，遘疾終寺，時年七十有二。自斌之入道，生常恒務，多以行道咒業為心。或誦釋迦觀音，或行文殊悔法。歲中八十一日，六時行業，前後通數，八十道場，身心悅懌，所得法利，未可知也。至於教誡門學，惟論煩惱須斷，每有出罪露過，無不為之流涕。喜怒不形，誦持無忘，故羯磨之匠，通僧仰屬。道俗歸戒，其徒弘矣。故使魏王以下內外懿親及梁宋諸公皆承戒素。初斌父朗有子七人，家世儒宗，斌第二也。仁壽徵入，愛敬無因，朗齒迫期頤，鐘鳴漏盡，今古意絕，生死路分。乃於汶水之陰九逵之會，建義井一區，仍樹豐碑，用裨其德。其銘略云：「哀哀父母，載生載育。亦既弄璋，我履我復。一朝棄予，山州滿目。雲掩重關，風驚大谷。愛敬之道，天倫在茲。殷憂暮齒，見子無期。鑿井通給，託事興詞。百年幾日，對此長悲。玉檢之南，嶧陽之北，獲麟之野，秉禮之國。君有美政，俗多儒墨。玉井洞開，高碑斯勒。」

（據《續高僧傳》卷二十《習禪》）

唐蔚州五臺寺釋曇韻

釋曇韻，不詳氏族，高陽人……屬隋高造寺，偏重禪門，延贊入京，眾失其主，人各其誠，散歸林谷，韻遂投於比干山……

（據《續高僧傳》卷二十《習禪》）

唐密州茂勝寺釋明淨

釋明淨，密州人……有潘侍郎者，曾任密州，知淨能感，以狀奏聞。敕召至京令住祈雨，告以所須，一無損費，惟願靜念三寶，慈濟四生，七日之

後，必降甘澤，若欲酬德，可國內空寺並私度僧，並施其名，得弘聖道，有敕許焉。雖無供給，而別賜香油，於莊嚴寺靜房禪默。至七日向曉，問守衛者曰：「天之西北，應有白虹，可試觀之。」尋聲便見，淨曰：「雨必至矣。」須臾雲合，驟雨忽零，比至日晡，海內通洽。百官表奏，皇上之功，淨之陰德，全無稱述。新雨初晴，農作並務，苗雖出隴，更無雨嗣，萎僕將死，設計無所。左僕射房玄齡躬造淨所，請重祈雨，淨曰：「雨之升降，出自帝臣，淨有何德，敢當誠寄，前許無報，幽顯同憂，若循素請，雨亦應致。」以事聞奏，帝又許焉，乃敕權停俗務，合朝受齋。淨乃依前靜坐，七日之末，又降前澤，四民歡泰。遂以有年，敕乃總度三千僧用酬淨德，其徵應難思，厥相叵測也，但以京輦誼雜，性不狎之，請還本鄉之茂勝寺。山居係業，竟不測其存沒云。

（據《續高僧傳》卷二十《習禪》）

慧融

同寺僧慧融，亦以禪業見稱，山居服食，咒水治病，敕召入京亦住普光寺，二宮敬重禮，遺相接云。

（據《續高僧傳》卷二十《習禪》之《釋明淨傳》）

唐京師大莊嚴寺釋曇倫

釋曇倫，姓孫氏，汴州濬儀人……仁壽二年，獻后亡背，興造禪室，召而處之。還即掩關，依舊習業。時人目之為臥倫也。有興善粲法師者，三國論首，無學不長，怪倫臥禪，言問清遠。遂入房與語，探究是非，倫笑曰：「隨意相審，遂三日三夕，法樂不眠。」倫述《般若》無底，空華焰水，無依無主，不立正邪，本性清淨，粲乃投地，敬之讚歎。心路無滯，不思議乃如此也。倫在京師，道俗請者相續，而機緣不一，悟迷亦多。雖善巧方便，令其醒悟，然各自執見，見我為是，故此妙理，罕得廣流。有玄琬律師、靜琳法師率門人僧伽淨等往來受法，如此眾矣，如魚子焉。武德末年，疾甚，於莊嚴寺傍看寂然。有問：「往生何處？」答：「無盡世界。」又便寂然。僧伽以手，尋其冷觸，私報人曰：「冷觸到膝，四大分離，亦應生苦。」倫曰：「此苦亦空。」問曰：「捨報云何？」報曰：「我主四大斗在，已到屈膝，死後篷簃裏，棄之莫作餘事。」又曰：「打五更鐘未。」報曰：「未少時維那打鐘。」看之已絕，年

八十餘矣。諸門學等依言送於南山，露骸散於中野。有鮑居士者名慈氏，弱年背俗，愛樂禪觀，生不妻娶，形無飾華，親承德音，調心養氣守閒抱，素承倫餘，業五十餘，年七十五矣。

（據《續高僧傳》卷二十《習禪》）

唐蒲州仁壽寺釋普明

釋普明，姓衛氏，蒲州安邑人……大業六年，召入大禪定道場，止十八夏，名預上班，學功所位，四事既備，不闕二嚴。武德元年，桑梓傾音，欣其道洽，以事聞上，有旨令住蒲州仁壽寺，鎮長弘道，無憩寒暄，晝談夜坐，語默依教，心神爽迅，應對雲雨。曾未聞經，一披若誦，斯則宿習博聞，故能若此，不可比擬也。日常自勵，戒本一遍，《般若》、《金剛》二十遍，六時禮懺，所有善根，迴向淨土，至終常爾。凡造刻檀像數十龕，寫《金剛般若》千餘部，請他轉五千餘遍，講《涅槃》八十餘遍，《攝論》、《勝鬘》諸經論等，遍數難紀。以年月終於住寺，春秋八十有六。有弟子義淹，戒潔清嚴，見知可領。乃遷葬蒲阪東原，鑿穴處之，樹碑其側。

（據《續高僧傳》卷二十《習禪》）

唐秦州永寧寺釋無礙

釋無礙，姓陳氏，有晉永嘉，中原喪亂，南移建業。父曠，梁元帝徵蕃學士。以承聖元年，礙生成都。神姿特異，知有濟器。九歲便能應對。十歲入學，隨聞不忘。入長安，遇姚秦道安法師，安與語，怪其意致，勸令出家，即依言欣喜。令誦《太子瑞應經》，思尋聖蹟，哀泣無已。天和三年，周武皇后入朝，投名出家，先蒙得度，雖有弱冠，戒操逾嚴。建德三年，法門大壞，隨緣陸沉，乃值泥塗，情逾冰玉。開皇開法，即預搜揚，便住永寧，於齊大德超法師所聽《智度論》，一聞教義，神思豁然，財食頓清，形心俱遣。又入長安，學《十地》、《阿毗曇》等。時休法師於興善寺命講大論，辯析分明，義端無擁，然於文句，頗滯弘通，因誦本文，獲六十卷。因抱心疾，獎眾斯睽，便還秦隴。開皇十年，總管河間王特屈寺任，統御遺法。大業二年，召入洛陽，於四方館刊定佛法。後還永寧，依前綱理。大業五年，煬帝西征，躬受勞問，賜彩二百段。十三年，州破，入京住莊嚴寺。眾以素知寺任，識達機緣，還欲請之，任非所好。以武德八年還返故寺，以無相觀，而自調伏。貞觀十九年二月

二十八日，無疾而終，春秋九十四。道俗哀慟，若喪厥親焉。

（據《續高僧傳》卷二十《習禪》）

唐潤州牛頭沙門釋法融

　　釋法融，姓韋，潤州延陵人……初武德七年，輔公託跨有江表，未從王政，王師薄伐，吳越廓清，僧眾五千，晏然安堵。左僕射房玄齡奏稱，入賊諸州，僧尼極廣，可依關東舊格，州別一寺置三十人，餘者遣歸編戶。融不勝枉酷，入京陳理。御史韋挺，備覽表辭，文理卓明，詞采英贍，百有餘日，韋挺經停。房公伏其高致，固執前迷，告融云：「非謂事理不無，但是曾經自奏，何勞法衣出俗，將可返道賓王。」五品之位，俯若拾遺，四千餘僧，未勞傍及，融確乎不拔，知命運之有窮。旋於本邑……

（據《續高僧傳》卷二十《習禪》）

唐衛州霖落泉釋惠方

　　釋惠方，姓趙，冀州信都來強人。七八歲，便思出俗。年九歲，投蘇門淋落泉寺。居然靜志，眾侶怪其特高，遂授以九次十想，隨聞斂念，仍受此法，亟涉炎涼。隋文後崩，西京立寺，遠征入住，厚禮供焉。而雅志不渝山林綴想，雖遇匠石無緣運斤，舊所禪徒，虛懷鶴望。大業六年，辭還本寺……

（據《續高僧傳》卷二十六《習禪》）

唐江漢沙門釋惠明

　　釋惠明，姓王，杭州人……近龍朔年，從南山出至京遊觀，與其言論，無得為先。不久旋返，雲往江曲，依閒修道，莫知定所……

（據《續高僧傳》卷二十《習禪》）

唐京師勝光寺釋智保

　　釋智保，河東人。弱齡入道，清慎居心，而在性剛謇，不軌流俗。進受具後，正業禁司，擁節專制，挺超群侶，博聽異解，貫練心神，廢立文旨，大觀掌內。所以律部遐被，實賴斯人。故能維攝自他，言行相守，至於流略墳素，頗獲其宗。談對玄儒，不後其術，筆記之工，時揚大義，緣情流採，嗣接英

華。初住勝光，末居禪定。國供豐積，受用多虧，所以名僧大德，日陳形器，憑準神解，可以言傳。至於衣食資求，未能清滌，僧眾四百，同食一堂，新菜果瓜，多選香美。保低目仰手，依法受之，任得甘苦，隨便進噉，皆留子實，恐傷種相。由知法者少疑未詳檢，其知量敬護皆若此也。後返勝光，厲業彌峻，園蔬溉灌，水雜細蟲，直歲高視，但論事辦，保念此無辜，交被刑害。躬執漉具，達送方還。寺有草物，堪為僧用者，必拾掇鳩聚，身送廚帳，其雜行紛綸，誠難備舉。以武德末年遘疾將漸，而正氣明爽，告友人慧滿曰：「余其死矣。而精神不得，超勝如何。」有問意故，答云：「觀其來蔭，似作守寺之神耳。」而止於西院佛殿，余頻以法遣之，卒不能離。言訖便絕。自爾所陳殿宇，人罕獨登。時須開入，無不薔然毛動。及後百日，嘗有老姥，內懷酒食，將遺諸僧，行至寺門，忽被神害，身死委地，器物流離，斯亦嚴厲之所致也。故僧侶攝其風威，有涉鄙吝者，皆懍而悛正矣。自保之據道，卓秀出群，一食充軀，雖經病重，不變前節，不宿俗舍，常止僧坊。雖曾遠涉，必棲林野，三衣常被，瓶缽自隨，不執俗器，不觀音樂，五兵六法，誓不身經。理會高僧，聞便赴仰，故每日再講，必瓶缽自隨，蕭然成風，無累於教。處眾而食，曾無盈長，殘水余膩，並以餅拭而噉之，一滴無遺，恐損施福故也。嘗遇重病，每食有餘一兩匕者，停貯多日，可得升許，親看溫煮，命淨人食之，有問其故，答曰：「僧食難棄，不可妄輕業耳。」傳者目驗，生常景行，故直筆書其，弘護之相焉。又嘗患瘧，寒則水淋，熱則火炙，渴則急鹽塞其口，痢則絕食取差，斯徒眾矣。

（據《續高僧傳》卷二十一《明律》）

唐益州龍居寺釋慧詵

釋智詵，字慧成，姓徐，本徐州人，炫法師之弟也。少聰敏有志節，在蜀遊學，務勤律肆。會周陵法，因事入關，不果所期，遂隱南嶺、終南、太白，形影相弔。有隋革命，光啟正法，招賁碩德，率先僧首，即於長安敷揚律藏。益州總管蜀王秀奏請還蜀，王自出迎，住法聚寺……

（據《續高僧傳》卷二十一《明律》）

唐京師弘福寺釋智首

釋智首，姓皇甫氏，其源即安定玄晏先生之後也……三十餘載，獨步京

輩，無敢抗衡，敷演所被，成匠非一。所以見跡行徒，知名唐世者，皆是首之汲引，實由匡弼之功。而復每升法宇，規誡學徒，微涉濫非者，為停講坐，或有墮學者，皆召而誨喻，聞者垂泣，無不懲革。

大業之始，又追住大禪定道場，今所謂大總持寺是也。供事轉厚，彌所遺削，顧以道穆帝里，化移關表，舊土凋喪，流神靡依。乃抽撤什物，百有餘段，於相州雲門故墟，今名光嚴山寺。於出家受戒二所雙建兩塔，鏨以珠寶，飾以丹青，為列代之儀表，亦行學之資據，各銘景行，樹於塔右。貞觀元年，有天竺三藏大齎梵本，擬譯唐文，乃詔所司搜揚英達，僉議所及，遂處翻傳，其有義涉律宗，皆諮而取正。至於八年，上以聖善早喪，遠感難陳，雖化滿天下，而罔極之情未展。奉為太穆皇后，於宮城之西造弘福寺，廣延德望，咸萃其中，恐僥倖時譽，妄登位席。以首道素嚴正，不濫邀延，百辟上聞，召為弘福上座，即總綱任，採擢僧倫。其有預在徵迎，莫不諮而趣捨，使夫眾侶雲會，等嗅如蘭，不肅成規，流芳不絕。自爰初開講，誓窮百遍，必得果心，夕死可矣。始於漳表，終至渭濱，隨方陶誘，恰窮本願，慶本所念，未幾而終，詳諸物議，可為知命。以貞觀九年四月二十二日，宿疹再加，卒於所住，春秋六十有九。皇上哀悼，下敕令百司供給，喪事所須，務令周備。自隋至唐，僧無國葬，創開摸揩，時共重之。僕射房玄齡、詹事杜正倫並諸公卿，並親盡哀訴，崇戒範也。至二十九日，裝辦方具，時惟炎夏，而屍不腐臭，眾共嗟之，斯持戒力也。諸寺門學，競引素幢，充諸街衢，官給地十畝於京城西郊之龍首原，縣夫三百築土墳之，種柏千株，於今茂矣。慕義門學，共立高碑，勒於弘福寺門，許敬宗為文。

初律師弘化，終始有聞，博見之舉，通古罕例，自講士交競，救習昔傳，仇勘群宗，多乖名實。非夫積因往世，故得情啟天乘，數百年來，收宗始定，兼勤於聽說，重於行事，隨務造儀，皆施箴艾，每於晦望說戒，先具法物，花香交飾，鏨發堂中。預在聽徒合掌，跪坐一眾兢竦，終於前事，說欲陳淨，偏所誡期，每講出罪，濯諸沈累，故持律之士，多往參焉。自終世後，此事便絕，余嘗處末座，向經十載，具觀盛化，不覺謂之，生常初未之欽遇也。乃發憤關表，具覯異徒，溢目者希，將還京輔，忽承即世，行相自崩，返望當時，有逾天岸，嗚呼可悲之深矣。

（據《續高僧傳》卷二十二《明律》）